Mein Recht
als Patient
2. Auflage

W0057456

4.4.2014 !

[handschriftliche Notizen]

PV
KV } AK Wien pers. Beratg
UV

direkt - PUA - anrufen!

Arztwahl,
Krankenkasse,
Honorare

Aufklärungs- und
Verschwiegen-
heitspflicht

Kranken-
geschichte,
Arzthaftung,
Behandlungs-
fehler

Verein für Konsumenteninformation (Hrsg.)
Martin Kind

Mein Recht als Patient
2., aktualisierte Auflage

Impressum

Herausgeber
Verein für Konsumenteninformation (VKI)
Mariahilfer Straße 81, A-1060 Wien
ZVR-Zahl 389759993
Tel. 01 588 77-0, Fax 01 588 77-73, E-Mail: konsument@vki.at
www.konsument.at

Geschäftsführung
Ing. Franz Floss
Dr. Josef Kubitschek

Autor
Univ.-Doz. Dr. Martin Kind

Lektorat
Doris Vajasdi

Produktion
Günter Hoy
Ing. Ursula Romstorfer

Foto Umschlag
Zurijeta/Shutterstock.com

Druck
Holzhausen Druck GmbH, 1140 Wien

Stand
Februar 2014

Aktualisierungen, bedingt durch mögliche
gesetzliche Änderungen, stellen wir auf
www.konsument.at/patient-recht
zur Verfügung.

Bestellungen
KONSUMENT, Kundenservice
Mariahilfer Straße 81, A-1060 Wien
Tel. 01 588 774, Fax 01 588 77-72
E-Mail: kundenservice@konsument.at

Wir sind bemüht, so weit wie möglich geschlechtsneutrale Formulierungen zu verwenden.
Wo uns dies nicht gelingt, gelten die entsprechenden Begriffe im Sinne der Gleichbehandlung
grundsätzlich für beide Geschlechter.

Bibliografische Information der Deutschen Nationalbibliothek
Die Deutsche Nationalbibliothek verzeichnet diese Publikation in der
Deutschen Nationalbibliografie; detaillierte bibliografische Daten
sind im Internet über http://dnb.d-nb.de abrufbar.

Verein für
Konsumenteninformation
ISBN 978-3-99013-031-5

€ 14,90

Die Tageszeitung „Der Standard" titelte im Juli 2012: „Es ist eine Kunst, keinen Fehler zu machen." Und die Patientenanwaltschaft geht von 2.500 bis 3.000 Toten im Jahr infolge von Behandlungsfehlern aus. Solche Meldungen machen Angst. Doch wo Menschen arbeiten, passieren Fehler. Und bei zwei Millionen Kontakten, die unsere Spitäler jährlich verzeichnen, wäre es schlicht ein Wunder, würde nicht die eine oder andere Behandlung schiefgehen.

Neu an dieser Situation ist allerdings, dass die Patienten in den letzten Jahren mündiger geworden sind. Immer öfter finden sie sich mit einem Kunstfehler nicht einfach ab, sondern klagen – ihren behandelnden Arzt an und Schmerzensgeld ein. Damit der, der recht hat, sein Recht auch bekommt, muss er jedoch gut informiert sein. Und genau dafür sorgt dieses Buch, das Sie gerade in Händen halten.

Es beschäftigt sich mit den Rechten, die Sie als Patient haben. Und das sind gar nicht wenige. Ja, Sie dürfen Ihren Arzt frei wählen. Sie haben Anspruch auf ein Spitalsbett und auf Wahrung Ihrer Privat- und Intimsphäre. Sie müssen über jede Behandlung lückenlos aufgeklärt werden, ohne Ihre Zustimmung geht gar nichts. Und selbstverständlich dürfen Sie Einsicht in Ihre Krankengeschichte nehmen. Kommt es zu Problemen, haben Sie unter bestimmten Voraussetzungen Anspruch auf Gewährleistung und Schadenersatz.

Nur ein Patient, der seine Rechte kennt, kann sie im Konfliktfall auch durchsetzen. Oder noch besser: schon im Vorfeld dafür sorgen, dass es erst gar nicht zu einer Auseinandersetzung kommt. Schließlich sind Vertrauen und eine gute Gesprächsbasis zwischen Arzt und Patient nach wie vor zentrale Voraussetzungen für den Behandlungserfolg.

Inhalt

Das Verhältnis
Patient – Arzt

Ob beim praktischen Arzt oder im Krankenhaus, als
Privatpatient oder auf Kasse: Die Rechtsgrundlage jeder
Behandlung ist der Behandlungsvertrag. Durch ihn ist alles
geregelt – von der Diagnose über die Therapie bis zum Honorar.

Der Behandlungsvertrag

Die Patientenrechte beruhen im Wesentlichen darauf, dass Sie bei Ihrem Arzt, im Krankenhaus oder in einer Ambulanz Vertragspartner sind und nicht unmündiger Schutzbefohlener. Zwischen Ihnen als Patient und dem Arzt bzw. dem Rechtsträger einer Krankenanstalt wird ein Behandlungsvertrag geschlossen. Und zwar auch dann, wenn die Kosten der Behandlung von der Sozialversicherung übernommen werden.

Dieser Behandlungsvertrag ist ein Dienst- und kein Werkvertrag. Denn der Arzt schuldet Ihnen eine **Dienstleistung**, keinen Heil- oder Behandlungserfolg. Aufgrund des Vertrages hat der Arzt den geschuldeten Eingriff fachgerecht durchzuführen. Das heißt, dass er diejenigen Maßnahmen ergreifen muss, die von einem gewissenhaften und aufmerksamen Arzt seines Fachbereiches vorausgesetzt und erwartet werden. Er hat Sie entsprechend dem anerkannten und gesicherten Stand der Medizin in Diagnose und Therapie zu behandeln bzw. vor der Behandlung umfassend darüber aufzuklären.

Behandlungsvertrag ist Dienstvertrag

Die ärztliche Leistung ist eine Dienstleistung

Egal ob Sie Privat- oder Kassenpatient sind: Auch der Vertrag zwischen Ihnen und Ihrem **Zahnarzt** ist grundsätzlich ein Vertrag über eine Dienstleistung. Das gilt beispielsweise für die Extraktion von Zähnen, die Behandlung von Kieferbrüchen und Zystenoperationen. Allerdings können in diesem Dienstvertrag gleichzeitig werkvertragliche Elemente enthalten sein, so etwa bei der prothetischen Versorgung oder der Fertigung von Zahnkronen. Kommt es in diesen Bereichen zu rein zahnlabortechnischen **Verarbeitungsfehlern**, gilt hier das werkvertragliche Gewährleistungsrecht.

Sitzt also Ihre neue Zahnprothese nicht einwandfrei, weil der Zahntechniker schlampig gearbeitet hat, können Sie ein mangelfrei angefertigtes Werkstück verlangen. Hier hängt das Arbeitsergebnis nicht so sehr von unbeherrschbaren Risiken wie der physischen und psychischen Anlage des jeweiligen Patienten ab, sondern hauptsächlich von der fachlichen Qualifikation des Arztes und den verwendeten Materialien und Arbeitsbehelfen.

Auch bei kosmetischen Operationen oder einer Sterilisation schuldet der Arzt nicht den Erfolg seiner Leistung. Hat er etwa die **Schönheitsoperation** lege artis (nach dem aktuellen Stand der Wissenschaft) durchgeführt, steht ihm sein Honorar grundsätzlich auch dann zu, wenn der beabsichtigte Erfolg – besseres Aussehen, mehr Selbstwertgefühl – ausbleibt. Hingegen sind die Kosten einer medizinisch notwendigen Operation zur Korrektur eines Behandlungsfehlers bei einer misslungenen Schönheitsoperation vom Arzt zu ersetzen.

Keine Heilungsgarantie

Die komplexen Abläufe im menschlichen Körper und dessen Reaktionen auf medikamentöse oder operative Eingriffe sind schwer vorhersehbar und selten zur Gänze beherrschbar. Die ärztliche Tätigkeit ist daher mit so vielen Risikofaktoren belastet, dass der glückliche Ausgang einer Behandlung oder eines Eingriffs wohl niemals mit Bestimmtheit vorhergesagt werden kann. Deshalb steht die Rechtsprechung auf dem Standpunkt, dass der Arzt vertraglich **keine Erfolgsgarantie** übernehmen kann. Ihr Arzt schuldet Ihnen demnach nicht die Beseitigung Ihres gesundheitlichen Problems, sondern lediglich sein intensives Bemühen, Ihre Gesundheit wiederherzustellen.

Ärztliche Hilfe ohne Erfolgsgarantie

Keine Gewährleistung

Frau Anna H. unterzog sich einer Schönheitsoperation mit dem erklärten Ziel, die Fettpölsterchen rund um ihre Hüften dauerhaft loszuwerden. Die zu diesem Zweck durchgeführte Fettabsaugung führte nur zu einem teilweisen Erfolg. Frau H. verlangte daraufhin vom behandelnden Arzt – analog den Gewährleistungsbestimmungen – die Herabsetzung seiner Honorarforderungen. Das Gericht verneinte einen Preisminderungsanspruch von Frau H. Schlagen Krankenbehandlung oder kosmetische Behandlung fehl, gibt es nämlich keine Gewährleistungsansprüche und damit keine Preisminderung. Ein Arzt ist eben kein typischer Werkbeauftragter wie ein Automechaniker, der Ihren Wagen zur Reparatur übernimmt und Ihnen zugleich versichert, das Auto in einen funktionstüchtigen Zustand zu bringen.

Wann kommt ein Behandlungsvertrag zustande?

Ein Behandlungsvertrag kommt regelmäßig dadurch zustande, dass sich der Patient in die Behandlung des Arztes begibt und der Arzt die Behandlung übernimmt. Ein Vertragsverhältnis kann auch durch die Erteilung telefonischer Ratschläge auf ausdrückliche Anfrage des Patienten begründet werden. Der Arzt übernimmt damit **persönlich** (oder arbeitsteilig mit anderen Berufskollegen) die Verpflichtung, die Vorgeschichte der Erkrankung zu erforschen, die notwendigen diagnostischen Untersuchungen durchzuführen, eine an den neuesten Erkenntnissen der Medizin ausgerichtete Behandlungsform zu wählen und diese Behandlung dann sorgfältig durchzuführen – kurz: Sie gemäß dem Ärztegesetz gewissenhaft und nach dem Stand der medizinischen Wissenschaft zu behandeln.

Behandlungsvertrag kann formlos abgeschlossen werden

Ob Sie krankenversicherter Patient sind oder nicht: In jedem Fall erfüllt der Arzt aufgrund des Behandlungsvertrages seine persönliche Pflicht. Sind Sie **Kassenpatient**, besteht zwischen Ihnen und Ihrem Sozialversicherungsträger eine öffentlich-rechtliche Beziehung, auf deren Grundlage bei Eintritt des Versicherungsfalles „Krankheit" dem Patienten ärztliche Hilfe gewährt wird. Die Krankenkasse erbringt medizinische Leistungen in der Regel aber nicht selbst. Sie erfüllt ihren gesetzlichen Auftrag, ein modernes Versorgungssystem zur Verfügung zu stellen, überwiegend durch Dritte. Zu diesem Zweck verpflichtet sie durch Verträge eine ausreichende Zahl an Ärzten und Krankenanstalten, Kassenleistungen zu erbringen.

Zwischen dem Patienten, dem Vertragsarzt und der Krankenkasse besteht eine **Dreiecksbeziehung**. Auf **privatrechtlicher** Ebene ist sie durch den Abschluss eines Behandlungsvertrages zwischen dem Patienten und dem zur Kasse zugelassenen Vertragsarzt geregelt, auf öffentlich-rechtlicher Ebene in der sozialrechtlichen Rechtsbeziehung des

Vertrag geschlossen

Sobald Sie der Sprechstundenhilfe Ihres Arztes einen Krankenschein ausgehändigt oder die formale Aufnahme zur stationären Pflege in einem Krankenhaus hinter sich gebracht haben oder der Arzt einfach die Behandlung beginnt, haben Sie – stillschweigend – den Behandlungsvertrag abgeschlossen.

Vertragsarztes und der Kasse. Die **öffentlich-rechtliche** Verpflichtung verpflichtet den Vertragsarzt, den festgelegten Leistungsrahmen einzuhalten, und verschafft ihm einen Honoraranspruch gegen die jeweilige Krankenkasse.

Beruflich selbstständig

Bei der Durchführung von Kassenbehandlungen agieren die Vertragsärzte bzw. Vertragseinrichtungen beruflich selbstständig. Die erbrachten Leistungen werden von der Sozialversicherung entsprechend den Honorarordnungen vergütet. Ärztliche Leistungen, die die Tarife der **Honorarordnungen** übersteigen oder erst gar nicht in ihnen enthalten sind, bezahlt die Krankenkasse dagegen nicht. Sie haftet auch nicht (etwa nach dem Amtshaftungsgesetz) für Fehlleistungen ihrer Vertragsärzte.

Vergütung entsprechend der Honorarordnung

Auch die **ambulante** oder **stationäre Krankenbehandlung** erfolgt auf der Basis eines privatrechtlichen Behandlungsvertrages mit dem Patienten. Der Kassenpatient darf grundsätzlich darauf vertrauen, nicht mit den Kosten der Behandlung belastet zu werden. Bleibt aber z.B. der Patient im Krankenhaus, obwohl keine **Behandlungsbedürftigkeit** mehr besteht oder hinreichende **Erfolgsaussichten** für die Behandlung und Pflege fehlen, so kommt zwischen ihm und dem Krankenhausträger ein separater, in der Regel schriftlicher Vertrag über die weitere stationäre Aufnahme und Betreuung zustande. Gleiches gilt für Patienten, die nicht krankenversichert sind. Auch sie müssen die Behandlungskosten selbst tragen.

Angemessenes Honorar

Sind Sie **Privatpatient,** so kann Ihr Arzt sein Honorar im Rahmen der Angemessenheit berechnen. Wenn es ans Bezahlen geht, haftet übrigens nicht nur der die Behandlung in Anspruch nehmende Patient, sondern auch der mit ihm zusammenlebende **Ehegatte,** wenn er eine Kostenzusage des Patienten unterschreibt. Nichteheliche Lebensgefährten, die ihren Partner in ein Krankenhaus begleiten, haften hingegen nicht, wenn sie etwa eine ihnen vorgelegte, ihrem Inhalt nach als Kostenzusage des Patienten konzipierte Verpflichtungserklärung unterzeichnen.

Keine Verpflichtung für den Ehegatten

Herr Alois M. soll für die Unterbringung seiner Gattin im Einbettzimmer eines Spitals aufkommen. Eine derartig kostspielige und sachlich nicht gerechtfertigte Krankenhauszusatzleistung begründet jedoch keine Mitverpflichtung des Ehegatten. Und selbst wenn es sich um eine medizinisch begründete, unaufschiebbare Leistung handelt, wäre Herr M. nicht zur Zahlung verpflichtet, wenn sie die wirtschaftlichen Verhältnisse und finanziellen Möglichkeiten der Familie überschreitet. Hätten sich aber die Ehepartner darüber – für den Arzt erkennbar – zuvor abgestimmt, so würde Herr M. haften.

Auch bei der Behandlung **bewusstloser** und **geschäftsunfähiger** Patienten besteht ein Vergütungsanspruch des Arztes oder des Krankenhauses. Hier liegt eine Geschäftsführung ohne Auftrag vor. Die Behandlung muss aber auf vitale oder absolut notwendige Maßnahmen beschränkt bleiben.

Der Vertrag mit der Krankenkasse – freie Arztwahl?

Wenn der behandelnde Arzt Dienstnehmer eines Krankenhauses ist, führt er seine Arbeiten als sogenannter **Erfüllungsgehilfe** des Krankenhausträgers aus. Vertragspartner des Patienten ist der Anstaltsträger, also das Krankenhaus. In der Regel sind dies Bund, Land oder Gemeinden, aber auch geistliche Orden und Versicherungen. Diese haften in der Folge für schuldhaft begangene Fehlleistungen ihres Personals. Der Patient kann seine Forderungen aber auch gegen den Arzt selbst richten, wenn dieser mit der Verletzung des Behandlungsvertrages ein strafbares Delikt begangen hat.

Krankenhausarzt ist Erfüllungsgehilfe

In Ausnahmefällen kann sich der Arzt von einem Berufskollegen vertreten lassen. Dieser übt seine Tätigkeit dann in der Regel eigenverantwortlich aus. Wenn also Ihr Arzt einen **Urlaubsvertreter** bestellt hat, dem in der Folge ein Fehler unterläuft, hat nicht Ihr ständiger Arzt dafür einzustehen, sondern sein Vertreter.

Recht auf freie Arztwahl

Wer kranken- und unfallversichert ist, kann unter **allen** Gesundheitseinrichtungen Österreichs frei wählen. Es ist ihm freigestellt, welche ärztliche Hilfe er in Anspruch nimmt. Der Patient kann also einen Vertragsarzt
seines Versicherungsträgers, ein versicherungseigenes Ambulatorium
oder aber einen Arzt seiner Wahl, der kein Vertragsverhältnis zu einem
Versicherungsträger hat, aufsuchen.

Vertragsärzte und Wahlärzte

Vertragsärzte sind freiberuflich tätige Ärzte, die sich durch einen privatrechtlichen Vertrag mit dem Versicherungsträger zur Behandlung krankenversicherter Patienten verpflichtet haben. Nimmt der Versicherte per
e-card einen Vertragsarzt in Anspruch, so vergütet die Krankenkasse dem
Arzt entsprechend den Honorarordnungen dessen Leistung. Der Patient
wird in der Regel mit keinerlei Kosten belastet; Ausnahmen bestehen bei
Bauern, Beamten und Gewerbetreibenden, die einen Behandlungskos-
tenbeitrag zu entrichten haben.

Wahlärzte sind vertraglich nicht an einen Versicherungsträger gebunden. Das Honorar für erbrachte Leistungen muss der Patient deshalb
vorerst auch aus eigener Tasche bezahlen. Er kann aber bei seinem Versicherungsträger Kostenerstattung beantragen. Vergütet werden jedoch
nur 80 Prozent jenes Betrages, der für die Krankenkasse bei Inanspruchnahme eines Vertragsarztes angefallen wäre.

Sie haben auch das Recht, Arzt und Krankenhaus zu **wechseln.** Sie
können zudem eine ärztliche Zweitmeinung einholen. Den begründeten
Wunsch, einen weiteren Arzt hinzuzuziehen oder eine Zweitmeinung einzuholen, soll der Arzt nicht ablehnen. Einen Zweitbegutachter zu finden,
kann sich in der Praxis aber mitunter als schwierig erweisen. Nicht alle
Ärzte sind nämlich ohne Weiteres bereit, den Befund eines Kollegen
kritisch zu prüfen. Im Zweifelsfall ist es daher besser, mehrere Ärzte
aufzusuchen und sie ohne Hinweis auf die bereits erfolgte Konsultation
um ihren Befund zu bitten. Bevor Sie diesen Weg einschlagen, sollten Sie
sich auf jeden Fall über **eventuelle Kostenfolgen** bei dem Arzt oder dem
Kostenträger (etwa gesetzliche Krankenkasse) informieren.

**Teilerstattung
der Kosten
bei Wahlärzten**

Ein Arzt kann eine ärztliche Behandlung auch **ablehnen.** Dabei ergeben sich jedoch Unterschiede zwischen Privat- und Kassenpatienten: Bei Privatpatienten besteht keine ärztliche **Kontrahierungspflicht** (= Bindungspflicht), außer bei Notfällen, erheblichen Symptomen etc. Bei Kassenpatienten hingegen ist ein Kassenarzt verpflichtet, zu behandeln. Nur bei triftigen Gründen (etwa Fehlen eines Vertrauensverhältnisses) kann ein Kassenarzt die Behandlung ablehnen. Und er kann im Interesse seiner angestammten Patienten neue Kunden wegen Überlastung seiner Ordination abweisen.

Wann dürfen Vertragsärzte die Behandlung von Versicherten ablehnen?

Der Gesamtvertrag verpflichtet Vertragsärzte an sich, alle Anspruchsberechtigten jener Kassen, mit denen der Einzelvertrag besteht, zu behandeln, welche die Ordination während der Ordinationszeit aufsuchen. Der Gesamtvertrag sieht aber auch vor, dass der Vertragsarzt diese Behandlung in „berechtigten Fällen" ablehnen darf, ohne diese Fälle zu konkretisieren. Hierbei ist auf die Interessen aller drei Beteiligten Bedacht zu nehmen – des Arztes, der Krankenkasse und der Patienten. Die Behandlung darf zum einen aus manchen Gründen aufseiten des Arztes abgelehnt werden, nämlich aus medizinischen Gründen wie aus Kapazitätsgründen. Ein medizinischer Grund liegt etwa vor, wenn der Arzt nicht die für eine spezielle Behandlung erforderliche Ausstattung hat oder der Patient die schuldmedizinische Behandlung an sich ablehnt. Eine Ablehnung neuer Patienten aus Kapazitätsgründen ist insbesondere möglich, wenn die Behandlung der vorhandenen Patienten die Ordinationszeiten bereits auslastet.

Zum anderen darf die Behandlung auch aus bestimmten patientenbezogenen Gründen abgelehnt werden. Die Sozialversicherten treffen bei Inanspruchnahme der ärztlichen Hilfe auch gewisse Mitwirkungsobliegenheiten. Sie haben sich dabei so zu verhalten, dass ihr Verhalten den Leistungserbringern zumutbar ist, soweit dieses Verhalten den Leistungsberechtigten selbst – insbesondere im Hinblick auf deren Erkrankung – zumutbar ist. In manchen Fällen wird eine Verletzung dieser Obliegenheit schon den Leistungsanspruch gegen die Krankenversicherung temporär

Ablehnung der Behandlung muss sachlich begründet sein

tel Kommment

beeinträchtigen, in anderen – darüber hinaus – nur den aufgesuchten Vertragsarzt berechtigen, die (weitere) Behandlung abzulehnen. Dieser hat das Recht zur Ablehnung insbesondere bei sehr schlechter Mitwirkung des Patienten an der Behandlung, bei einem Versuch, den Arzt zu strafbarem Verhalten zu verleiten, bei grob inadäquatem Patientenverhalten (zB grobes Beschimpfen) und bei schwerer Störung des Vertrauensverhältnisses. Können Arzt und Patient nicht miteinander kommunizieren, so kann der Arzt die Behandlung nur ablehnen, wenn er annehmen darf, dass rechtzeitig ein Arzt mit entsprechender Kommunikationsmöglichkeit konsultiert werden kann.

Arztwechsel innerhalb eines Quartals

Da das Vertrauen des Patienten in seinen Arzt zweifellos eine wichtige Basis für die Heilbehandlung darstellt, kann der Arzt auch **innerhalb** eines **Quartals gewechselt** werden. Das ist allerdings nur aus wichtigen Gründen möglich. Vor einem Wechsel müssen Sie auf jeden Fall die Zustimmung des Chefarztes Ihrer Krankenkasse einholen.

Für ein und denselben Behandlungsfall dürfen nicht gleichzeitig mehrere Vertragsärzte verschiedener Fachsparten in Anspruch genommen werden. Der behandelnde Vertragsarzt darf jedoch Ärzte anderer Fachrichtungen beiziehen oder, wenn es medizinisch zweckmäßig ist, einem anderen Arzt die weitere Behandlung übertragen.

Zustimmung des Chefarztes bei Arztwechsel im Quartal

Relative Hilfeleistung bei Hausbesuchen

Grundsätzlich muss der Arzt in seiner Praxis – also in den Räumen seiner Ordination – medizinische Hilfe leisten. Der Arzt hat die medizinische Versorgung seiner Patienten nach dem Stand der medizinischen Wissenschaft sicherzustellen. Dabei entscheidet er aber selbst, wie und wo er die Behandlung vornimmt. Standespflichten verbieten es jedoch, Patienten bloß aus der Ferne, z.B. über das Telefon, zu behandeln.

Praktische Vertragsärzte (auch „Arzt für Allgemeinmedizin" genannt) sind jedoch zum **Hausbesuch verpflichtet**, wenn dem Patienten aufgrund seines Zustandes ein Aufsuchen der Praxis nicht zuzumuten ist und der Arzt ihn im selben Quartal bereits behandelt hat oder von diesem als nähesterreichbarer Arzt in Anspruch genommen wird. Als nächstgelegen gelten jedenfalls alle Ordinationen im Umkreis von einem Kilometer vom Wohnort des Patienten.

Keine Verpflichtung zum Hausbesuch

Anders ist die Lage bei Vertrags**fach**ärzten: Diese müssen nur dann einen Hausbesuch abstatten, wenn sie die Krankheit zuvor bereits „anbehandelt" haben. Ein Kinderarzt muss demnach Ihr erkranktes Kind daheim aufsuchen, wenn es sich bei ihm bereits wegen derselben Erkrankung in Behandlung befindet und sein Zustand einen Besuch in der Ordination nicht zulässt. Ein Hausbesuch kommt jedoch nur dann infrage, wenn der Anfahrtsweg kurz ist: So dürfen etwa in Wien zwischen der Ordination und der Wohnung des Patienten nicht mehr als ein Bezirk oder fünf Kilometer liegen.

Macht der Arzt eine Hausvisite, obwohl die Voraussetzungen dafür nicht vorliegen, so leistet die Krankenkasse dennoch **pauschalen Kostenersatz**. Allfällige – etwa durch eine lange Anfahrt bedingte – Mehrkosten kann der Arzt dem versicherten Patienten unmittelbar verrechnen.

Nimmt ein Arzt die telefonisch beschriebenen Symptome eines **bettlägrigen** Patienten nicht ernst und sucht ihn nicht auf, verletzt er damit unter Umständen seine Hilfeleistungspflicht und haftet für diese Unterlassung, wenn der Patient dadurch einen gesundheitlichen Schaden erleidet. Der Arzt ist jedoch entschuldigt, wenn andere, dringlichere ärztliche Tätigkeiten vorlagen oder wenn er glaubhaft machen kann, einem „verzeihlichen" Irrtum über den tatsächlichen Zustand des Patienten unterlegen zu sein oder wenn der Schaden auch ohne Säumnis entstanden wäre. Bevor Ihr Arzt aber die Behandlung – aus berechtigten Gründen – ablehnt, muss er sich vergewissern, dass die Versorgung durch einen anderen Arzt oder ein Krankenhaus sichergestellt ist.

Mehrkosten bei Hausbesuch zahlt Patient

Absolute Hilfeleistung bei Notfällen

Im **Notfall** ist jeder Arzt zur Hilfeleistung verpflichtet. Ob Verkehrsunfall oder Verständigung über einen Unglücksfall: Der Arzt hat zur Rettung eines Menschen aus einer lebensbedrohenden Gefahr fachlichen Beistand zu leisten. Beispielsweise darf bei drohender Lebensgefahr der Arzt die Erste-Hilfe-Leistung grundsätzlich nicht mit dem Hinweis darauf verweigern, dass die Rettung oder das Rote Kreuz bereits verständigt seien.

Arzt muss Hilfe leisten

Akute Erkrankungen treten nur allzu gerne zu Zeiten auf, in denen das medizinische Versorgungsangebot besonders gering ist. An **Wochenenden, Feiertagen** und in Wochentagsnächten hält sich daher ein von der Österreichischen Ärztekammer organisierter **Ärztedienst** für dringliche Fälle abrufbereit. Die Visite ist für Patienten ohne Sozialversicherung honorarpflichtig, wobei der fällige Betrag gleich vom diensthabenden Arzt eingehoben wird. Versicherte Patienten können den Funkdienst kostenlos in Anspruch nehmen. Sie brauchen für die Inanspruchnahme dieser Leistung auch keine e-card. Sie müssen nur vor Ort den Einsatzschein des diensthabenden Arztes ausfüllen und durch ihre Unterschrift bestätigen, dass sie versichert sind.

Persönlich statt telefonisch

Auf die telefonische Nachricht, ein Mann liege bewusstlos und offensichtlich verletzt unweit der Ordination auf der Straße, veranlasste der benachrichtigte Arzt telefonisch die Einweisung in ein Krankenhaus. Dem befassten Gericht reichte dieser Einsatz nicht: Ein Arzt habe persönlich Beistand zu leisten, wenn er zu einem Patienten gerufen werde, bei dem nicht ausgeschlossen werden könne, dass er sich in einer lebensgefährlichen Situation befinde. Er habe die Pflicht, sich persönlich davon zu überzeugen, ob die Lage tatsächlich ernst sei oder nicht.

Der Vertrag mit dem Krankenhaus

Mit der Aufnahme des Patienten bietet das Krankenhaus den Abschluss eines Vertrages an. Weigert sich ein Patient, eine vertragliche **Erklärung** abzugeben, richtet sich die Rechtsbeziehung der Beteiligten nach den Grundsätzen über die **Geschäftsführung ohne Auftrag.** Das heißt, es besteht ein Verhältnis zwischen dem Krankenhaus und dem Patienten, aus dem selbstverständlich Ansprüche hergeleitet werden können. Nach diesen Grundsätzen richtet sich auch der Fall, dass ein Patient, der außerstande ist, eine Willenserklärung abzugeben, in eine Klinik eingeliefert wird.

Krankenhaus für Heilbehandlung und Beherbergung zuständig

Der Vertrag eines Patienten mit einer Krankenanstalt auf stationäre Behandlung umfasst neben der primär geschuldeten Heilbehandlung auch dessen sichere **Beherbergung.** Wird beispielsweise ein in der gegebenen Situation kontraindiziertes Antidepressivum verabreicht und es wird unterlassen, „mit ein wenig Geduld" herauszufinden, dass ein Sedativum, die Zuziehung eines Psychiaters oder aber eine ständige Überwachung des Patienten erforderlich gewesen wäre, und war dessen späterer Sturz aus einem Fenster seines Krankenzimmers höchst wahrscheinlich eine Verkettung von Kausalitäten, deren Ausgangspunkt die Verabreichung des Antidepressivum war, so hat der Krankenanstaltsträger seine Verkehrssicherungspflicht verletzt.

Auch Pflegepersonal darf Spritzen geben

Regelmäßig werden heute gewisse Tätigkeiten, deren Erbringung an sich dem Arzt vorbehalten ist, dem **medizinischen Hilfspersonal** übertragen. So darf derart qualifiziertes Pflegepersonal beispielsweise auf ärztliche Anordnung hin im Einzelfall intramuskuläre Injektionen geben und Blut abnehmen und in besonderen Abteilungen dem Patienten auch intravenöse Injektionen und Infusionen verabreichen. Hierbei gelten aber besonders hohe Anforderungen an die **ärztliche Überwachung** (genaue Anordnung, ständige Aufsicht).

Ebenso hat eine Anleitung und Aufsicht durch den verantwortlichen Arzt – allerdings in Relation zum Ausbildungsstand – bei **Turnusärzten** zu erfolgen. Während der Turnusarzt am Beginn seiner Ausbildung noch unmittelbar beaufsichtigt werden muss, kann er mit wachsendem Kenntnisstand Tätigkeiten zunehmend auch ohne Aufsicht ausführen. Der Ausbildungsarzt muss aber für den Fall, dass rasches Eingreifen notwendig ist, jederzeit verfügbar sein; die bloße **Rufbereitschaft** reicht in der Regel nicht aus.

Ärztliche Aufsicht bedeutet, dass die Aufsicht von einem Arzt ausgeübt werden muss, und zwar im Sinne einer **Kontrolltätigkeit** mit dem Ziel, das Verhalten des Beaufsichtigten in Übereinstimmung mit einem feststehenden Richtmaß zu setzen und zu erhalten.

Übertragung nur an Qualifizierte

Die Übertragung einer selbstständig durchzuführenden **Operation**, einer Intubationsnarkose bei einer während der Operation notwendig werdenden **Umlagerung** des Patienten oder die eigenverantwortliche Übertragung einer **Geburt** auf einen jeweils nicht ausreichend qualifizierten Turnusarzt stellt einen **Behandlungsfehler** dar. Dem nicht ausreichend qualifizierten Turnusarzt kann jedoch nur dann der Vorwurf eines Behandlungsfehlers gemacht werden, wenn er nach den bei ihm vorauszusetzenden Kenntnissen und Erfahrungen gegen die Übernahme eines selbstständig durchzuführenden Eingriffs Bedenken gehabt haben müsste und eine Gefährdung des Patienten hätte voraussehen müssen.

Über die Beteiligung eines Arztanfängers an einer Operation muss der Patient grundsätzlich nicht aufgeklärt werden. Anders verhält es sich jedoch bei der Durchführung eines schwerwiegenden Eingriffs mit erheblichen Risiken.

Die in Ausbildung stehenden Studenten der Medizin **(Famulanten)** sind zur unselbstständigen Ausübung bestimmter Tätigkeiten (z.B. Anamnese, Blutdruckmessung, Blutabnahme aus der Vene) berechtigt. Sie können auch zur Hilfeleistung bei operativen Eingriffen unter Anleitung und Aufsicht des ausbildenden Arztes herangezogen werden. Das Gesetz enthält keine ausdrückliche Regelung darüber, in welchem Umfang Famulanten zur Hilfeleistung eingesetzt werden dürfen. Dies hat der behandelnde Arzt unter Anwendung der ihn treffenden besonderen Sorgfaltspflicht zu bestimmen. Für besonders gefahrengeneigte Tätigkeiten verbietet sich der Einsatz eines Famulanten im Regelfall.

Verantwortung von Turnusärzten

Anwesenheitspflicht

Ein Anästhesist, der nach Einleitung der Narkose den Operationssaal verlässt und die weitere Narkosetätigkeit seinem unerfahrenen Turnusarzt überlässt, verstößt gegen seine Aufsichtspflicht, wenn er nur über Funkruf erreichbar ist. Tritt während der Operation aufgrund eines Dosierungsfehlers auch noch ein Gesundheitsschaden beim Patienten ein, so haften Facharzt wie Jungmediziner und das Spital.

Haftung von Hebammen und Ärzten bei Geburten

Für Fehler anlässlich einer Geburt haftet die **Hebamme** nur bis zur Vornahme der Eingangsuntersuchung durch den Gynäkologen. Betreut die Hebamme die Geburt nach der Behandlungsübernahme durch einen Arzt, untersteht sie dem Weisungs- und Direktionsrecht des Arztes. Hat der Arzt die Geburtsleitung übernommen, so stellt es einen Organisationsfehler dar, wenn die CTG-Überwachung durch eine Nachtschwester oder Hebamme erfolgt bzw. wenn eine Hebamme die Geburtsleitung bei einer – für sie erkennbaren – Risikogeburt durchführt.

Grundsätzlich muss in einem Krankenhaus jederzeit ein Arzt erreichbar sein. Uneingeschränkt haben Fachärzte in großen Krankenanstalten (Universitätskliniken) anwesend zu sein. In kleinen Krankenanstalten reicht jedoch die Anwesenheit von Turnusärzten im Nacht- und Wochenend- sowie Feiertagsdienst aus, sofern die Fachärzte durch Rufbereitschaft erreichbar sind.

Arbeitsteilung im Krankenhaus

Von der Diagnoseerstellung bis zur Nachbehandlung durchläuft ein Patient im Spitalsbetrieb so manche Fachabteilung. Überdies kann die ständige medizinische Betreuung in Krankenanstalten nur durch einen ärztlichen Wechseldienst sichergestellt werden. Entsprechend schwierig ist es, die Verantwortungsbereiche der einzelnen behandelnden Ärzte abzugrenzen. Fehlt dabei eine klare **Abgrenzung** zwischen überweisendem und hinzugezogenem Arzt, kommt eine Haftung beider Behandler in Betracht.

Grundsätzlich gilt, dass jeder Arzt sein eigenes Agieren verantwortet. Bei Überweisung an einen anderen freiberuflich tätigen Arzt kommt ein

Lagerung im OP: wer was verantwortet

Für das Zusammenwirken von Operateur und Anästhesist bei der Lagerung gelten die Grundsätze der horizontalen Arbeitsteilung. Anästhesist und Operateur erfüllen ihre Aufgaben selbstständig und in voller eigener Verantwortung (Grundsatz der strikten Aufgabenteilung), sie stimmen ihr Vorgehen aufeinander ab (Koordinierungspflicht) und dürfen sich auf die Sorgfalt des Partners verlassen (Vertrauensgrundsatz). Für Konfliktsituationen (z.B., wenn die für den speziellen Eingriff optimale Lagerung das anästhesiologische Risiko erhöht) gilt die fachliche Gleichberechtigung als Grundlage der Zusammenarbeit. Kommt es nicht zur Einigung, obliegt dem Operateur der Stichentscheid; er trägt dabei die ärztliche und rechtliche Verantwortung für die sachgerechte Abwägung.

Organisationsfehler gelten rechtlich als Behandlungsfehler. Anästhesist und Operateur haften jeweils für die eigenen Fehlleistungen. Die Lagerung und Lagerungskontrolle ist Aufgabe des Operateurs, für den „Infusionsarm" ist der Anästhesist verantwortlich. Dies schließt nicht aus, dass Anästhesist und Operateur vor Ort eine davon abweichende Arbeitsteilung vereinbaren. Die Beweislast für Fehlleistungen bei der Behandlung trägt im Schadenersatzprozess der Patient. Die ordnungsgemäße Lagerung hat jedoch der Arzt zu beweisen. Das Gleiche gilt für die Aufklärung über das Risiko von Lagerungsschäden. Der Arzt muss die wirksame Einwilligung des Patienten und damit auch die ordnungsgemäße Aufklärung beweisen.

Die Haftung für Schäden aus nicht fachgerechter Lagerung wird zivilrechtlich entweder auf den Grad des Verschuldens gestützt oder aus dem Behandlungsvertrag wegen einer objektiv sorgfaltswidrigen Fehlleistung abgeleitet.

neuer Behandlungsvertrag zwischen diesem und dem Patienten zustande. Damit scheidet eine Erfüllungsgehilfenhaftung des überweisenden Arztes aus. Auch berufsrechtlich ist aufgrund der Fachbeschränkungspflicht eine Verpflichtung eines Facharztes für Leistungen aus einem anderen Sonderfach nicht zulässig. Eine Haftung kann sich für den überweisenden Arzt jedoch für Auswahlverschulden ergeben. Dieses liegt z.B. vor, wenn dem überweisenden Arzt bekannt ist, dass von dem von ihm zugezogenen Arzt häufig fehlerhafte Befunde erstellt werden. Immerhin gilt zwischen Ärzten des jeweiligen Sonderfaches bzw. zwischen Ärzten unterschiedlicher Sonderfächer der Vertrauensgrundsatz. Sofern sich jedoch Zweifel an der Richtigkeit des Befundes ergeben (z.B. weil sich aus erstellten

Spezialisten haften für ihr Fachgebiet

Röntgenbildern deutlich eine andere Diagnose ergibt als aus dem erstellten Befund), muss der überweisende Arzt einen weiteren Kollegen hinzuziehen bzw. wenn sich klar ergibt, welche Behandlung erforderlich ist, diese durchführen.

Gegenseitiges Vertrauen

Das betriebsinterne Zusammenspiel etwa des Chirurgen mit dem Anästhesisten oder des Gynäkologen mit dem Pathologen ist durch das Berufsrecht und die Anstaltsordnung der Krankenanstalt geregelt. Liegt eine klare Abgrenzung zwischen den Fachkräften vor, so gilt der **Vertrauensgrundsatz.** Jeder Arzt hat denjenigen Gefahren zu begegnen, die in seinem Aufgabenbereich entstehen. Solange keine offensichtlichen Behandlungsmängel erkennbar werden, besteht keine gegenseitige Überwachungspflicht. Der übernehmende Facharzt muss jedoch prüfen, ob der Auftrag richtig gestellt ist und dem angegebenen Krankheitsbild entspricht. Zweifelt er an der Richtigkeit der ihm übermittelten Diagnose, muss er seinem Verdacht nachgehen oder dem überweisenden Arzt von seinem Verdacht in einem Arztbrief berichten.

Nach Abschluss der Behandlung im Krankenhaus muss der nachbehandelnde Haus- oder Facharzt über den **Entlassungsbefund** auf die aus der Spitalsbehandlung erforderliche Nachbehandlung und die sich daraus ergebenden therapeutischen Konsequenzen und Besonderheiten hingewiesen werden. Insbesondere, wenn der Patient auf eigenen Wunsch vorzeitig aus dem Krankenhaus entlassen worden ist, obwohl eine Nachbeobachtung ärztlicherseits angeraten gewesen wäre. In einem solchen Fall muss der Hausarzt umgehend informiert werden, damit mögliche Komplikationen rechtzeitig erkannt und behandelt werden können. Umgekehrt kann sich das rücküberweisende Krankenhaus darauf verlassen, dass der Hausarzt den im Arztbrief dokumentierten Empfehlungen folgt und die daraus ersichtlichen therapeutischen bzw. diagnostischen Maßnahmen veranlasst.

Wird ein Patient aus stationärer (z.B. neurochirurgischer) Behandlung mit Fieber entlassen, ohne dass man ihm empfiehlt, sich bei Verschlechterung seines Allgemeinzustandes oder bei Weiterbestehen des Fiebers umgehend an seinen Arzt zu wenden, kann darin im Einzelfall – bei wenig

Vertrauensgrundsatz gilt zwischen Ärzten

verständigen Patienten – eine Pflichtwidrigkeit erblickt werden. Im Allgemeinen ist eine solche ausdrückliche Belehrung aber nicht erforderlich, weil ein Wissen um diese Möglichkeit und eine ausreichende Einsicht vorausgesetzt werden können. Ein Beratungsfehler ist nur dann kausal für einen Gesundheitsschaden, wenn sich der Patient bei ausreichender Aufklärung anders verhalten hätte und sich die Gesundheitsgefahr durch die – in Unkenntnis des medizinisch gebotenen Verhaltens – tatsächlich gewählte Vorgangsweise gegenüber dem hypothetischen Geschehnisablauf erhöht hat.

Übertragung der Verantwortung

Mit der Überweisung an eine Krankenanstalt geht die Verantwortung für den Patienten vom überweisenden Arzt auf die Anstalt über. Ein Arzt, der einen Patienten zur weiteren Diagnostik in ein Krankenhaus überwiesen hat, darf die Ergebnisse der ihm in personeller und apparativer Ausstattung überlegenen Klinik bei der Weiterbehandlung des Patienten nach dessen Rückkehr aus dem Krankenhaus zugrunde legen, wenn sich ihm keine Zweifel an der Richtigkeit des dortigen diagnostischen oder therapeutischen Vorgehens aufdrängen. Er braucht die Gründe der dort gewählten eingeschränkten Diagnostik nicht von sich aus zu erforschen, sondern kann den Arztbrief abwarten, wenn das Beschwerdebild dies erlaubt. Ja, ein Hausarzt darf sich auf die Versorgung des Patienten durch das Krankenhaus verlassen.

Wird eine Operation durchgeführt, ist der **Anästhesist** verantwortlich für die Beurteilung der Narkosefähigkeit des Patienten. Er trifft die Entscheidung, ob und wie eine Kanüle gelegt wird, kontrolliert ihren richtigen Sitz, sorgt für die Aufrechterhaltung der vitalen Funktionen des Patienten und deren Überwachung während der Operation sowie für die Lagerung des Patienten. Und er stellt sicher, dass der Patient nach der Narkose aufwacht und seine Vitalfunktionen gegeben sind. Die Verantwortung des Anästhesisten nach Abschluss der Operation und Beendigung der künstlichen Beatmung endet nicht, solange (unerwünschte) **Nachwirkungen** der Narkose in der postoperativen Phase anhalten. Erleidet aber beispielsweise ein Patient durch Versäumnisse des Operateurs eine Leberschädigung, so hat zwar auch der Anästhesist einen Fehler gemacht,

Haftung des
Anästhesisten

Auch der Anästhesist hat dafür Sorge zu tragen, dass der Patient nicht vom Operationstisch fällt.

Konkreter Fall: Der operierende Arzt (der seine Haftung nicht bestritt) hatte nach Beendigung des erfolgreichen Eingriffs den Operationssaal verlassen und die nur noch „relativ oberflächlich narkotisierte" Patientin der Obhut des Anästhesisten und des Operationsgehilfen überlassen. Der Anästhesist hätte die Vitalparameter der Patientin zu überwachen gehabt. Er ließ die Patientin jedoch für ca. zwei bis drei Minuten mit nur einem Pfleger allein, sodass dieser den Sturz der Patientin vom sehr schmalen Operationstisch nicht verhindern konnte.

Es ist grundsätzlich üblich, dass bis zum sogenannten „Ausschleusen" eines Patienten aus dem Operationssaal neben dem Pfleger oder Operationsgehilfen auch ein Arzt (ständig) beim Patienten bleibt. Standardmäßig nicht vorgesehen ist hingegen, dass der Patient während des Ausschleusens und der Überstellung in den Aufwachraum mittels eines Pulsoximeters überwacht wird. Der Anästhesist wandte ein, nur für das ordnungsgemäße „Aufwachen" des Patienten zuständig gewesen zu sein.

Der Oberste Gerichtshof meint dagegen: Wenn der Anästhesist die Obsorgepflicht des Operateurs (dafür Sorge zu tragen, dass der Patient beim Erwachen nicht vom Operationstisch fällt) nicht übernehmen wollte, hätte er diesen auffordern müssen, weiter im Operationssaal zu bleiben. Nach den besonderen Umständen des Falls hätte der Anästhesist gerade hier mit unwillkürlichen Reaktionen der Patientin beim Aufwachen rechnen müssen.

wenn er die für die Narkose erforderlichen Befunde nicht erhoben hat. Ist dieser Fehler aber nicht die Ursache für den aufgetretenen Schaden, so haftet der Anästhesist nicht und trägt keine Mitschuld.

Haftung bei Koordinationsmängeln

Beim Zusammenwirken mehrerer Ärzte im Rahmen einer Operation bedarf es zum Schutz des Patienten einer Koordination des Anästhesisten und der Operateure (Chirurg, Orthopäde, Gynäkologe, Augenarzt etc.). Nur so können Risiken ausgeschlossen werden, die sich aus der Unverträglichkeit der von den beteiligten Fachrichtungen vorgesehenen

Koordinationsfehler

Wird bei einer Schieloperation einer Patientin vom Anästhesisten im Rahmen der Narkose reiner Sauerstoff in hoher Konzentration über einen am Kinn befestigten Schlauch zugeführt, während der operierende Augenarzt zum Stillen von Blutungen im Gesichtsbereich einen Thermokauter (ein medizinisches Gerät, mit dem die verletzten Gefäße durch Erhitzung verschlossen werden) einsetzt, und kommt es dadurch zu einer heftigen Flammenentwicklung, bei der die Patientin schwer verletzt wird, so haften der Augenarzt und der Anästhesist für den in der mangelnden Abstimmung und Koordination der angewandten Methoden bzw. eingesetzten Geräte liegenden Behandlungsfehler.

Methoden oder Instrumente ergeben können. Für Koordinationsmängel und Organisationsfehler bei der Abgrenzung der Verantwortungsbereiche haften die Ärzte dem Patienten gegenüber.

Bei fehlender Einwilligung des Patienten haftet der Operateur – unabhängig vom Bestehen eines Behandlungsvertrags – für die Folgen eines kunstgerechten Eingriffs. Ein Operateur darf sich nicht auf eine vorangegangene Aufklärung durch einen anderen (z.B. durch den Arzt, der dem Patienten zur Operation riet und die Durchführung in einer Privatklinik empfahl) verlassen, sondern er muss sich vor der Operation vergewissern, ob und inwieweit der Patient schon aufgeklärt wurde.

Haftung des Operateurs

Die Auswahl von Arzt und Spital

Sofern nicht ohnehin klar ist, welchen Facharzt Sie aufsuchen müssen (Zahnarzt bei Zahnschmerzen, Gynäkologe bei Schwangerschaft etc.), wird Ihr erster Ansprechpartner in der Regel der **Hausarzt** sein. Er stellt die erste Diagnose, kann selbst behandeln oder schickt Sie weiter in ein Krankenhaus, zum Facharzt, in ein Labor. Sofern Sie nicht selbst schon „Ihren" Urologen, Gynäkologen, Augenarzt oder Orthopäden haben, ist der Hausarzt sicher bereit, Ihnen einen Facharzt zu empfehlen, der in der Nähe ist, oder Sie in ein entsprechend ausgerüstetes Labor zu schicken oder das für Sie beste Krankenhaus (die beste Geburtsklinik, die beste

Adresse für Kniegelenksoperationen, für Rheumabehandlungen ...) aus-findig zu machen. Sollte bei Ihnen ein Akutfall eintreten, ist es ange-raten, nicht lange nach dem geeigneten Krankenhaus zu suchen, sondern einfach ins nächstgelegene zu fahren. Dort erfolgt die Erstversorgung. Sollten Spezialtherapien notwendig sein, für die das Krankenhaus nicht ausgerüstet ist, werden Sie automatisch weitertransportiert.

Ein guter Arzt und seine Ordination

Die Wahl eines Arztes, mit dem man langfristig in Kontakt stehen möchte (z.B. Hausarzt) oder den man regelmäßig aufsuchen muss, ist neben der fachlichen Komponente letztlich **Vertrauenssache.**

Damit die Kommunikation und somit auch die Behandlung erfolgreich sein kann, ist ein gutes, zumindest aber doch entspanntes Verhältnis zueinander Voraussetzung. Daher sollten Sie als Patient auf Folgendes achten:

Checkliste

- Können Sie den Arzt/die Ordination gut erreichen? Ist die Ordination barrierefrei? Sind die angebotenen Öffnungszeiten mit Ihrem privaten und/oder beruflichen Zeitplan vereinbar?
- Die Chemie zwischen dem Arzt Ihrer Wahl und Ihnen muss stimmen. Ist Ihnen der gewählte Arzt sympathisch? Entscheiden Sie aus dem Bauch heraus.
- Unterziehen Sie auch die Praxis einer kritischen Prüfung. Fühlen Sie sich in den Räumlichkeiten wohl? Wenn Ihnen Umgebung und Umgangston des Arztes nicht behagen, kann dies bereits die Kommunikation negativ beeinflussen, auch wenn es nichts über die Behandlungsqualität des Arztes aussagt.
- Wird in der Ordination der Schutz Ihrer Person und Intimsphäre gewahrt? Können Sie ungestört und vertraulich Ihr Anliegen äußern? Wird der Schutz Ihrer persönlichen Daten gewahrt? Behandeln der Arzt und seine Mitarbeiter Sie freundlich und respektvoll?
- Wie gut können Sie mit Ihrem Arzt kommunizieren? Nimmt er Sie und Ihr spezielles gesundheitliches Problem ernst? Hat er

genügend Zeit für Ihr Anliegen, beantwortet er alle Fragen und erklärt er Zusammenhänge so, dass Sie sie auch verstehen? Reagiert er auf Ihre Fragen freundlich oder eher unwirsch?

- Erklärt der Arzt Ihnen die notwendige Behandlung genau und wissen Sie, welche Medikamente Sie einnehmen sollen, welche Therapien anzuwenden sind?
- Bezieht der Arzt Sie in alle Entscheidungen zu Ihrer gesundheitlichen Situation ein? Erhalten Sie ohne Probleme Zugang zu Ihrer Krankengeschichte? Werden Sie auch über Risiken und Komplikationen aufgeklärt?
- Erhalten Sie Hinweise auf weiterführende Informationsquellen und Beratungsangebote?
- Akzeptiert der Arzt, dass Sie im Zweifelsfall eine zweite Meinung einholen?
- Können Sie erkennen, ob und wie sich alle in der Ordination um die Qualität Ihrer Behandlung bemühen?
- Im Fall privat zu zahlender Leistungen: Klärt der Arzt Sie rechtzeitig über die anfallenden Kosten und deren Höhe auf?
- Bietet der Arzt im Bedarfsfall eine Nachbetreuung an? Ist eine Hausbetreuung möglich?
- Patienten mit geringen Deutschkenntnissen sollten klären, ob der Arzt ihrer Wahl ihre Muttersprache spricht. Erste Informationen bieten in der Regel die Landesärztekammern, aber auch die Botschaften der jeweiligen Staaten.

Ob ein Patient in der Lage war, dem ärztlichen Aufklärungsgespräch aufgrund ausreichender Deutschkenntnisse zu folgen, kann im Rahmen der **Beweiswürdigung** des Gerichts auf dessen Wahrnehmung und auf die Angaben des gerichtlichen Sachverständigen gestützt werden.

Sprachliche Hürden

Was auch ein guter Arzt nicht leisten kann

Der Arzt wurde darin ausgebildet, Ihnen in medizinischen Belangen zu helfen. Sie können daher von ihm **Hilfe** und **Beratung** erwarten, wenn Sie mit Ihrer Erkrankung zu ihm kommen oder eine entsprechende Beratung benötigen. Der Arzt wird Ihnen nach bestem Wissen und aktuellem Stand der Medizin helfen bzw. Sie an entsprechend ausgebildete Fachkollegen weitervermitteln. Darüber hinaus können Sie von Ihrem Arzt erwarten, dass er Ihnen höflich begegnet, alle Untersuchungen genauestens und verständlich erklärt, die Diagnose ausführlich mit Ihnen bespricht und auch weitere Maßnahmen erläutert. Über alle sich daraus ergebenden Fragen können und sollten Sie mit Ihrem Arzt sprechen.

Allerdings: Eine Garantie für Ihre Gesundung wird er nicht geben können. Auch die moderne Medizin, egal ob Schul- oder Komplementär-medizin, kann nicht alle Krankheiten heilen, und darunter fällt viel mehr als nur Krebs oder Aids. Trotz spektakulärer Erfolge wird die Medizin immer **Grenzen** haben und Erkrankungen nicht so behandeln können, dass sie in jedem Fall geheilt werden.

Sie sollten also nie mit übertriebenen Erwartungen zum Arzt gehen. Das Motto „Ich bin krank, und der Arzt hat mich gefälligst gesund zu machen!" entspricht zwar dem natürlichen Wunsch nach vollkommener Heilung, je nach Art der Erkrankung wird dies aber vielleicht nicht mög-lich sein. Auch bei vermeintlich „leichten" Erkrankungen (z.B. Ekzemen) können oft nur die **Symptome** behandelt werden, was für viele Patienten nicht leicht zu verstehen ist.

Das passende Krankenhaus

Qualitätsberichte, Suchportale im Internet, Zertifikate und direkte Fragen an die Krankenhausträger können Ihnen helfen, das für Sie passende Spital zu finden. Haben Sie bereits ein bestimmtes Spital ausgesucht? Dann besuchen Sie dessen Website oder rufen Sie dort in der Verwal-tung an. Mit den folgenden Fragen finden Sie heraus, wie sehr man sich um die Qualität der Behandlung und das Wohlergehen der Patienten bemüht:

Informieren Sie sich vorab

- Erhebt das Spital die Zufriedenheit der Patienten?
- Gibt es im Spital eine zentrale Anlaufstelle für Patienten?

Minderjährige Patienten

Bei der ärztlichen Behandlung eines **Kindes** schließen die Eltern als alleinige Honorarschuldner mit den Ärzten einen **Vertrag zugunsten Dritter** ab. Dem Minderjährigen wird dadurch bis zum vollendeten 18. Lebensjahr ein eigener Anspruch auf Durchführung einer fachgerechten Behandlung vermittelt. Wenn der Minderjährige aufgrund seiner Einsichtsfähigkeit (das heißt geistigen und sittlichen Reife) bereits selbst über die Einwilligung oder Ablehnung einer medizinischen Behandlung befinden kann, muss er **zusätzlich** auch aufgeklärt werden.

Je jünger, desto mehr elterliches Mitspracherecht

Ab welchem Alter und in welchem Umfang das Selbstbestimmungsrecht eines Minderjährigen der elterlichen Vertretungsmacht vorgeht, kann nur im Einzelfall anhand einer Faustregel bestimmt werden: Je **jünger** der Patient und je **weitreichender** der medizinische Eingriff, umso **geringer** seine Einsicht in Bedeutung, Tragweite und Risiken einer ärztlichen Behandlung. Der Arzt muss daher in einem Gespräch mit den Eltern ermitteln, inwieweit eine Aufklärung des Minderjährigen bereits möglich ist und von ihm auch verkraftet werden kann.

Eltern bestimmen bei Heilbehandlung von Minderjährigen mit

Im Fall einer **„schwerwiegenden Heilbehandlung"** benötigt der Arzt nicht nur die Einwilligung des einsichts- und urteilsfähigen Minderjährigen, sondern zusätzlich auch die Zustimmung des Pflege- und Erziehungsberechtigten. „Sonstige" Obsorgeberechtigte (neben Eltern) bedürfen für besondere Fälle einer gerichtlichen Genehmigung.

Als „schwer" wird etwa ein Eingriff an einem lebenswichtigen Organ angesehen (nicht aber z.B. Mandel- und Blinddarmoperationen, „alltägliche" Eingriffe, Zahnfüllungen und dergleichen). Auch die postexpositionelle HIV-Therapie (also eine medikamentöse Behandlung nach Kontakt mit dem Erreger) wird wohl keine schwerwiegende Heilbehandlung sein. Bei einer Schutzimpfung wird im Einzelfall, je nach Grad des damit verbundenen Risikos, zu entscheiden sein. Eine Psychotherapie stellt im Regelfall keinen schweren Eingriff in die Persönlichkeit dar.

Bei gemeinsamer Obsorge müssen nicht (mehr) beide Elternteile zustimmen. Es reicht, wenn eine Person zustimmt, die mit der gesetzlichen

Vertretung bei Pflege und Erziehung betraut ist. Das muss nicht unbedingt der grundsätzlich Obsorgeberechtigte sein. **Jeder** obsorgeberechtigte Elternteil allein kann die Zustimmung geben. Es entscheidet die **erste** Zustimmungserklärung; diese Vertretungshandlung ist selbst dann wirksam, wenn der andere Elternteil mit ihr nicht einverstanden ist.

Von der Einwilligung zur medizinischen Behandlung ist der Abschluss des Behandlungsvertrags zu unterscheiden. Auch wenn die Eltern den Behandlungsvertrag abschließen, muss das einsichts- und urteilsfähige Kind selbst in die Behandlung einwilligen und entsprechend aufgeklärt werden. Fehlt einem minderjährigen Patienten die Einsichts- und Urteilsfähigkeit, so hat sich der Umfang der gebotenen ärztlichen Aufklärung nach den persönlichen Verhältnissen des jeweiligen Aufklärungsadressaten zu richten. Irrelevant ist dabei aber der Kenntnisstand eines beim Aufklärungsgespräch nicht anwesenden weiteren gesetzlichen Vertreters (konkreter Fall: Mutter eines 13 Monate alten Kindes ist beim Arzt anwesend, nicht aber der Vater des Kindes, der Zahnarzt ist).

Verweigern die Eltern eines Minderjährigen einen Behandlungsvertrag, so wird oft auch die Einwilligung zu dieser Behandlung (z.B. Verweigerung der Bluttransfusion aus religiösen Gründen) fehlen. In einem solchen Fall kann das **Pflegschaftsgericht** angerufen werden („von wem auch immer") und dieses die erforderliche Zustimmung erteilen bzw. sogar die Obsorge ganz oder teilweise entziehen. Zu beachten ist dabei, dass nur durch (teilweise) Entziehung der Obsorge der Behandlungsvertrag vom jeweiligen neuen Obsorgeberechtigten (z.B. ein anderer Verwandter oder der andere Elternteil) abgeschlossen werden kann. Das Gericht kann nämlich nur die Einwilligung zur medizinischen Behandlung ersetzen, nicht aber selbst einen Behandlungsvertrag abschließen.

Im Zweifel entscheidet das Pflegschaftsgericht

Das bedeutet: Verweigern beide Eltern die Behandlung, muss die Obsorge (teilweise) entzogen werden. Verweigert nur ein Vertreter des Kindes die Behandlung, so reicht es, wenn das Gericht die Einwilligung zur Behandlung ersetzt. Der Behandlungsvertrag würde dann vom anderen Elternteil (der ja für die Behandlung ist) geschlossen werden können. Schließen die Eltern (schlüssig oder konkludent) den Behandlungsvertrag für den Minderjährigen, dann wird („im Normalfall", wenn also keine besonderen ausdrücklichen Erklärungen vorliegen) die Zahlungspflicht die Eltern selbst treffen (soweit nicht ohnehin die Sozialversicherung leistet).

Sonderfälle: „Pille danach" und Abtreibung

Ob die „Pille danach" unter den Begriff des **Schwangerschaftsabbruchs** fällt oder eine medizinische Behandlung ist, das ist unklar. Falls es sich um einen „Schwangerschaftsabbruch" handelt, wird die einsichts- und urteilsfähige Minderjährige **allein** entscheiden können, ein elterliches Zustimmungsrecht besteht nicht. Gegen den Willen der Minderjährigen ist jeder Abbruch (ausgenommen Rettung der Schwangeren aus einer Lebensgefahr) rechtswidrig. Rechtmäßig ist dieser allein mit Einwilligung der einsichts- und urteilsfähigen mündigen Minderjährigen.

Nicht gegen ihren Willen

Bei unmündigen oder mündigen, aber nicht einsichts- bzw. urteilsfähigen Minderjährigen bedarf es deren und der **Zustimmung** des gesetzlichen Vertreters. Beim Abbruch in einer Krankenanstalt ist bei der nicht einsichts- und urteilsfähigen Minderjährigen und allgemein bei fehlender Einsichts- und Urteilsfähigkeit nur die Zustimmung des gesetzlichen Vertreters (außer bei Gefahr im Verzug) erforderlich. Bei einem „anderen" Obsorgeberechtigten könnte zusätzlich eine gerichtliche Genehmigung erforderlich sein.

Bei einer **Komapatientin** (auch in Zukunft als schwer behindert eingestuft) kann nach dem OGH der Sachwalter bei einer medizinischen oder embryopathischen Indikation einem Abbruch wirksam zustimmen.

Sonderfall: das ungeborene Kind

Bei Verträgen über eine Entbindung oder der Behandlung einer Schwangeren wird dagegen ein Vertrag mit Schutzwirkung zugunsten des **ungeborenen Kindes** angenommen. Dabei wird das ungeborene Kind nicht selbst Vertragspartei. Jedoch sind die Eltern eines durch die Behandlung geschädigten Kindes berechtigt, den Mehraufwand für die Pflege und Versorgung des Kindes als eigenen Schaden geltend zu machen.

Schönheitsoperationen

Bei reinen kosmetischen Eingriffen ohne medizinische Indikation („Schönheitsoperationen") gelten besonders **strenge Anforderungen** an die ärztliche Aufklärungspflicht. Bei kosmetischen Operationen, die nur ein ganz bestimmtes Ziel der optischen Verbesserung des Aussehens hätten, ist eine ausdrückliche Aufklärung erforderlich, dass dieses Ziel aus vom Arzt nicht beeinflussbaren physiologischen oder psychologischen Gründen ganz oder teilweise nicht erreicht werden könnte.

Wird ein Arzt mit einer (in vielen Fällen realitätsfremden) **Erwartungshaltung** des Patienten konfrontiert oder ruft er eine bestimmte Vorstellung über das zukünftige Aussehen hervor, muss er **offen** und **schonungslos** darüber aufklären, dass die Zielvorstellungen des Patienten durch die kosmetische Operation nicht immer gänzlich verwirklicht werden können. Kosmetische Operationen erfordern somit eine Aufklärung über eine mögliche subjektive Unzufriedenheit mit dem Operationsergebnis; andernfalls kann die Aufklärungspflicht verletzt sein.

Ergebnis entspricht nicht immer den Erwartungen

Konkreter Fall: Eine Patientin unterzog sich einer Operation zur **Verkleinerung der Kinnpartie,** deren Ausmaß auf einem Foto der Patientin mit einer strichlierten Linie festgehalten worden war. Durch die Operation wurden aber nur 50 Prozent der auf dem Foto als möglich eingezeichneten Reduktion erreicht. Der behandelnde Arzt hatte somit bei der Patientin eine ganz konkrete, nicht verwirklichte Vorstellung über das Operationsergebnis hervorgerufen, die Grundlage für den Abschluss des Behandlungsvertrags und die Einwilligung in die Operation war.

Ein anderer Fall betraf eine **Brustvergrößerung.** Nach der nach den Regeln der ärztlichen Kunst durchgeführten Operation trat eine sichtbare Kontur des Implantats an der Innenseite der rechten Brust auf. In der Folge kam es zu einer Rotation des Implantats der linken Brust. Mit der Zeit wurde eine unnatürliche Form der Brüste immer deutlicher; die linke Brust saß zuletzt etwa 1,5 cm höher als die rechte. Auch in diesem Fall wurde die Erwartungshaltung der Patientin (auch objektiv) enttäuscht.

Behandlungsverträge mit Minderjährigen bei ästhetischen Behandlungen und Operationen

Das seit 1.1.2013 geltende „Bundesgesetz über die Durchführung von ästhetischen Behandlungen und Operationen" – vulgo **„Schönheitsoperationengesetz"** – beinhaltet Verbote: Schönheitsoperationen sind bei Personen unter dem vollendeten **16. Lebensjahr** „unzulässig". Bei Personen zwischen dem vollendeten 16. und dem vollendeten 18. Lebensjahr sind Schönheitsoperationen (darunter auch Gesäß-Modellierung, Brachioplastik und Penisvergrößerung) nur unter bestimmen Voraussetzungen „zulässig":

Erst ab 16 Jahren erlaubt

* Einwilligung durch die Erziehungsberechtigten nach umfassender Aufklärung – sowohl des Patienten als auch der Erziehungsberechtigten
* schriftliche Einwilligung des Patienten

Die sehr umfassend angelegte **Aufklärungspflicht** impliziert bei deren Verletzung eine Schadenersatzhaftung und – neben der erweiterten Widerrufsmöglichkeit bis eine Woche vor dem Operationstermin – eine zusätzliche Möglichkeit, aus dem Vertrag auszusteigen: Der Behandlungsvertrag kann nämlich bei Verletzung der Aufklärungspflicht drei Jahre lang wegen Geschäftsirrtums angefochten werden.

„Es kann nicht sein, was nicht sein darf" gilt hier natürlich nicht: Es werden auch Schönheitsoperationen entgegen den Verboten durchgeführt. Ob entgegen den genannten Regeln abgeschlossene Behandlungsverträge mit Minderjährigen wirksam sind, wird im Gesetz nicht entschieden. Ausdrücklich ist nur eine **Verwaltungsstrafe** (bis 15.000 Euro; bei Entstehen einer schwerwiegenden Gefahr oder dem bereits 3. Verstoß bis 25.000 Euro) vorgesehen.

Arzthonorar

Kassenpatienten bekommen Honorarforderungen meist gar nicht zu Gesicht. Ihr Versicherungsträger besorgt die Abrechnung. Entsprechend vage sind bei den meisten Patienten die Vorstellungen darüber, welche Beträge ihrem Arzt aus dem Vertrag mit der Krankenkasse für die einzelne Behandlung zufließen.

Begibt sich der Patient einmal auf eigene Kosten in ärztliche Behandlung, kann es schon vorkommen, dass ihm bei der Präsentation der Rechnung der Atem stockt. Um abschätzen zu können, ob die Honorarnote überhöht ist, können die wenigsten auf eigene Erfahrungswerte zurückgreifen.

Pflicht- und Privatversicherung

Die **Honorarordnungen** der Sozialversicherung, die nicht öffentlich zugänglich, sondern nur für Ärzte bei ihrer jeweiligen Sektion erhältlich sind, geben Aufschluss über die Honorarhöhe für die vom Vertragsarzt erbrachten und mit der Krankenkasse direkt verrechneten Kassenleistungen. Immer öfter muss der Patient auch einen Selbstbehalt aus eigener Tasche bezahlen.

Selbstbehalt bei Krankenkassen

Direkte Verrechnung

Private Krankenversicherer vergüten Kosten und Honorare einer Anstaltspflege, die nicht von der Krankenkasse getragen werden, ebenfalls in direkter Verrechnung mit dem Krankenhaus. Verordnungen oder Vereinbarungen zwischen den privaten Versicherern und den Ärztekammern, Krankenanstaltenträgern oder Klinikvorständen legen dazu für jedes Bundesland **Tarife** für die stationäre Heilbehandlung fest. Diese Beträge stellen Höchstgrenzen für die Kostenerstattung dar.

In einer Kostenübernahmeerklärung verpflichtet sich der private Versicherer gegenüber dem Krankenhaus, die Behandlungskosten bis zu einer bestimmten **Obergrenze** abzudecken. Abhängig vom Vertrag mit dem Patienten kann der Versicherer den Umfang der Kostenübernahme

Kein Krankengeld

Wenn Sie eine Ihnen vom Arzt dringend ans Herz gelegte und mit guten Erfolgsaussichten bereits begonnene Behandlung aus persönlichen Gründen verweigern, kann die Krankenkasse die Krankengeldzahlung nach vorheriger Androhung einstellen.

nach Maßgabe der Prämiengestaltung sowie allfälliger Leistungsausschlüsse infolge Vertragsverletzungen des Patienten (Prämienrückstand, verschwiegene Vorerkrankungen) einschränken.

Vertragsärzten ist eine zusätzliche **Privathonorarforderung** für erbrachte Kassenleistungen untersagt. Nur unter der Voraussetzung, dass im Gesamtvertrag, in dem genau geregelt ist, für welche Leistungen die Krankenkasse die Arztkosten zu übernehmen hat, die Kostentragung der Kasse für eine bestimmte Behandlung nicht vorgesehen ist, darf auch ein Vertragsarzt dem Patienten eine Rechnung legen. Sollte jedoch dem Patienten der Nachweis gelingen, dass diese Behandlung zweckmäßig war und sich im Rahmen des Notwendigen bewegt hat, hat er auch in einem solchen Fall einen Erstattungsanspruch gegenüber dem zuständigen Krankenversicherungsträger.

Vertragsarzt darf Kassenleistungen nicht privat verrechnen

Kostenerstattung bei Inanspruchnahme von Nichtvertragsärzten (Wahlärzten)

Bargeld in der Arztpraxis? In Frankreich ist es seit Entstehung der modernen Sozialversicherung 1945 eine Selbstverständlichkeit, dass der Doktor seine Patienten nach der Behandlung zur Kasse bittet. In Österreich stellt der Wahlarzt für die erbrachten Leistungen den Patienten – üblicherweise nach Beendigung der Behandlung – eine **Privathonorarnote** aus. Der Arzt ist bei der Honorargestaltung gegenüber Privatpatienten an keine Honorarrichtlinie gebunden. Allerdings gibt es von den Ärztekammern in den Bundesländern (ausgearbeitet zum Teil von der Österreichischen Ärztekammer) empfohlene Tarife (Privathonorarordnungen).

An die Ärztekammer wenden

Wenn Sie die privaten Honorarwünsche Ihres Arztes für stark überhöht halten oder den begründeten Verdacht haben, Ihnen verrechnete Leistungen wurden gar nicht erbracht, oder wenn Sie wissen wollen, ob eine Überschreitung eines medizinischen Kostenvoranschlags wirklich notwendig und für den Arzt nicht vorhersehbar war, können Sie sich an die zuständige Ärztekammer wenden.

Wurde der Preis nicht vorab vereinbart, muss sich die nachträglich gelegte Rechnung im Rahmen des „Angemessenen" halten. Dazu können die Kammerempfehlungen, die, wie bereits erwähnt, nur Ärzten zugänglich sind, als **Orientierungshilfe** dienen. Um Streitigkeiten zu vermeiden, sollten Sie jedoch vor jeder Privatbehandlung unbedingt über den Preis reden.

Der Wahlarzt stellt dem Patienten eine Honorarnote aus, auf der die **Leistungen** möglichst **genau aufgeschlüsselt** sein sollen. Als Grundsatz kann hier gelten: Je detaillierter die Honorarnote ausgestellt wird, das heißt, je konkreter die einzelnen Leistungspositionen der zutreffenden Honorarordnung angeführt werden, desto besser kann die Berechnung der Kostenrückerstattung durch die jeweilige Abrechnungsstelle bei den Sozialversicherungsträgern durchgeführt werden.

Nach den internen Richtlinien der Sozialversicherung wird ein Rückersatz dann gewährt, wenn die folgenden Punkte auf der Honorarnote zu finden sind:

Formererfordernisse von Honorarnoten

- Vor- und Familienname
- Wohnadresse und Versicherungsnummer des Anspruchsberechtigten (bei Behandlung von Angehörigen auch dessen Daten)
- Ausstellungsdatum der Honorarnote
- Diagnose
- genaue Angaben über die ärztlichen Leistungen

Während die ersten drei Punkte formaler Natur sind, ist der fünfte Punkt für den Patienten entscheidend. Nach den Bestimmungen des Sozialversicherungsrechtes erhält er nur jene Kosten erstattet, die von der Krankenkasse zu zahlen wären, hätte der Patient einen Vertragsarzt konsultiert. Daher sollte auch der Wahlarzt seine Honorarnoten nach den

Kriterien der Honorarordnung für Vertragsärzte erstellen. Das setzt aber voraus, dass er diese Honorarordnung vor allem in Bezug auf die Sonderleistungen sehr genau kennt!

Bei der Erstellung der Honorarnote sollte Ihr Wahlarzt daher im Hinblick auf die erbrachten Einzelleistungen darauf achten, dass er Sonderleistungen, die auch bei den Vertragsärzten vorgesehen sind, in derselben Terminologie (eventuell sogar mit Angabe der jeweiligen Positionsziffer) auf der Rechnung gesondert anführt. Außerdem das Datum, zu welchem Sie ihn aufgesucht haben. (Ärzte sind nicht vorsteuerabzugsberechtigt; daher wird ohne Mehrwertsteuer/Umsatzsteuer abgerechnet.)

Die Krankenkassen rechnen übrigens quartalsmäßig ab. Sucht ein Patient also beispielsweise im Jänner einen Wahlarzt auf, erhält er seinen Kostenersatz frühestens im April. Ein Umstand, der viele verärgert.

Einen **Rückersatz** gibt es nur für saldierte Honorarnoten. Saldierung bedeutet: Zahlungsnachweis durch Vermerk auf der Rechnung oder dem Einzahlungsschein. Die Höhe des Rückersatzes entspricht in etwa **80 Prozent** jenes Honorars, das ein Vertragsarzt für dieselben Leistungen erhält. Bei den Gebietskrankenkassen ist dieser Rückersatz jedoch niedriger. Für viele Leistungen (z.B. Labor, Sonographie, Ordinationen) gelten fixe, pauschalierte Rückersatzbeträge, die jeweils unter den erwähnten 80 Prozent liegen. Ist eine Leistung in der Honorarordnung nicht enthalten, so gewährt die Krankenkasse dafür keinen Kostenersatz bzw. kann sie in Einzelfällen einen Kostenersatz pauschaliert festlegen.

Für jene Leistungen, die laut Honorarordnung nur für bestimmte Fachgruppen verrechenbar sind, wird nur für eine Honorarnote eines solchen **Facharztes** ein Rückersatz geleistet. Dazu ein Beispiel: Ein praktischer Arzt führt eine Ergometrie durch; laut Honorarordnung ist das Internisten vorbehalten. Für diese Leistung eines Arztes für Allgemeinmedizin wird **kein** Rückersatz geleistet.

Eine Kostenerstattung kann auch dann nicht erfolgen, wenn der Patient im selben Kalendervierteljahr einen praktischen Arzt als Wahlarzt und einen solchen als Vertragsarzt konsultiert. Und soweit in der Honorarordnung für die Vertragsärzte **Verrechnungsbeschränkungen** (z.B. Limitierungen pro Quartal bzw. pro Arzt) vorgesehen sind, gelten auch für die Kostenerstattung von Wahlarztrechnungen die jährlich festgelegten fixen Eurobeträge.

Maximal
80 Prozent
Rückersatz bei
Wahlarzt

Am besten detailliert

Durch eine übersichtliche und detaillierte Rechnungslegung mit Bezeichnung der einzelnen Positionen und Angabe des Honorars für die einzelnen Positionen wird die Bearbeitung der Rechnung durch die zuständige Krankenkasse wesentlich erleichtert. Die Kostenerstattung für den Patienten wird dadurch höher sein als bei einer pauschalen Beschreibung der Leistungen. Von der Kasse wird auch geprüft, ob die angegebenen Diagnosen und ärztlichen Leistungen in einem nachvollziehbaren Zusammenhang stehen. Alle erbrachten Leistungen müssen letztlich auch in der Patientenkartei dokumentiert sein.

Ein Wahlarzt ist grundsätzlich nicht berechtigt, Formulare der Krankenkassen zu verwenden. Seit Kurzem jedoch sind Gebietskrankenkassen und kleine Kassen bereit, auch Wahlärzten die Möglichkeit zu geben, Kassenrezepte auszustellen. Stellt der Wahlarzt **Privatrezepte** aus, so müssen diese Privatrezepte vor Einreichung in der Apotheke einem Kassenrezept gleichgestellt werden. Diese Gleichstellung erfolgt durch einen Stempelaufdruck bei der Krankenkasse. Wenn die Gleichstellung nicht erfolgt, sondern der Patient direkt die Apotheke aufsucht, muss er dort den vollen Medikamentenpreis bezahlen, hat jedoch einen Rückersatzanspruch an die Krankenkasse auf 80 Prozent des Kassenpreises.

Heilkostenplan

Kostenvoran-
schlag für Zähne

Bei **Zahnbehandlungen** wird in der Regel automatisch ein Kostenvoranschlag erstellt. Dieser sogenannte Heilkostenplan dient Ihnen als Orientierung und ist – sofern keine unvorhersehbaren Komplikationen auftreten – auch verbindlich für den Zahnarzt. Haben Sie als Kassenpatient einen besonderen Behandlungswunsch und ist dieser als außervertragliche Leistung gesondert zu verrechnen, so hat der Arzt Sie vor der Behandlung darauf hinzuweisen.

Wenn der Patient auf Basis des Kostenvoranschlages nachfolgend keinen Behandlungsauftrag erteilt, steht dem Arzt für diese „selbstständige" Leistung keine Honorarforderung zu, außer er hat vorher auf die Entgeltlichkeit des Kostenvoranschlages hingewiesen.

Kostenvoranschlag einholen

Um unliebsame Überraschungen von vornherein auszuschließen, sollten Sie sich vor dem Beginn einer aufwendigen Zahnbehandlung einen Heilkosten-plan erstellen lassen. An diese Honorarsätze ist der behandelnde Arzt dann, wie bei einem Kostenvoranschlag, gebunden. Weist der Arzt den Patienten nicht darauf hin, dass der Kostenvoranschlag zu bezahlen ist, muss der Patient eine eventuelle Forderung nicht begleichen. Gegebenenfalls hat Sie ein Kassenarzt auch darüber zu informieren, dass Ihr Behandlungswunsch als außer(kassen)vertragliche Leistung gesondert honorarpflichtig ist.

Grenzüberschreitende Gesundheitsversorgung

Die einschlägigen EU-Verordnungen gelten, vereinfacht gesagt, für **versicherte Staatsangehörige** eines Mitgliedstaates und deren an-spruchsberechtigte Angehörige sowie für alle **Pensionisten** und deren Angehörige. Seit 1.1.2011 gelten die Regelungen auch für **Drittstaats-angehörige,** wenn diese in einem Mitgliedstaat ihren rechtmäßigen Wohnsitz haben. Die Verordnungen unterscheiden zwischen folgenden drei Sachverhalten:

EU-Gesundheits-versorgung auch für Drittstaats-angehörige

- Eine Person **wohnt** in einem anderen Mitgliedstaat als in dem Staat, in dem sie krankenversichert ist (zuständiger Mitgliedstaat, Versicherungsmitgliedstaat). Diese Person hat Anspruch auf alle Sachleistungen, die im Staat, in dem sie wohnt (Wohnmitgliedstaat), vorgesehen sind – so wie eine dort versicherte Person. Die Kosten der Behandlungen und Medikamente trägt der Krankenversiche-rungsträger, bei dem die Person versichert ist (zuständiger Träger).
- Eine Person hält sich **vorübergehend** in einem anderen als dem zuständigen Mitgliedstaat (Versicherungsmitgliedstaat) auf. Sie hat Anspruch auf alle Sachleistungen, die sich im Zusammen-hang mit der Aufenthaltsdauer als medizinisch notwendig erweisen. Die Kosten trägt der Krankenversicherungsträger, bei dem die Person versichert ist (zuständiger Träger).

- Eine Person **begibt** sich zum Zweck der Krankenbehandlung in einen anderen Mitgliedstaat. Für diesen Fall gilt, dass dies nur nach vorheriger Genehmigung des zuständigen Trägers möglich ist. Die Genehmigung muss erteilt werden, wenn die geplante Behandlung Teil der Leistungen ist, die nach dem Recht des zuständigen Trägers gewährt werden, und die Behandlung nicht innerhalb eines in Anbetracht des derzeitigen Gesundheitszustands und des voraussichtlichen Verlaufs der Krankheit medizinisch vertretbaren Zeitraumes gewährt werden kann. Wurde die Genehmigung erteilt, trägt die Kosten für die Krankenbehandlung der zuständige Krankenversicherungsträger.

Möglichkeit der Kostenerstattung

Kommt es – aus welchen Gründen auch immer – bei der Inanspruchnahme von Krankenbehandlungsleistungen zu keiner Kostenübernahme durch den zuständigen Träger, ist die Möglichkeit der **nachträglichen Kostenerstattung** vorgesehen. Es kommen drei unterschiedliche Arten der Kostenerstattung in Betracht:

- Erstattung durch den Träger am Aufenthaltsort in der Höhe der Erstattungssätze, die für den Aufenthaltsort gelten.
- Erstattung durch den zuständigen Träger in der Höhe der Erstattungssätze, die für den Aufenthaltsort gelten.
- Erstattung durch den zuständigen Träger in der Höhe der Erstattungssätze, die für den zuständigen Träger gelten.

Für die Kostenerstattung im Fall einer geplanten – und genehmigten – Behandlung gelten grundsätzlich auch diese drei Erstattungsvarianten, wobei die dritte Variante (eine Erstattung durch den zuständigen Träger nach den Sätzen des zuständigen Trägers) immer dann zu erfolgen hat, wenn diese Sätze **höher** sind als die Erstattungssätze des Aufenthaltsortes. Reisekosten sind dann zu ersetzen, wenn dies nach dem Recht des zuständigen Trägers vorgesehen ist.

Die Richtlinie zur grenzüberschreitenden Gesundheitsversorgung er-
gänzt die Verordnungen zur Koordinierung der Systeme der sozialen
Sicherheit. Geregelt sind in der Richtlinie jene Fälle, in denen Personen
ohne vorherige Genehmigung zum Zweck der Inanspruchnahme
einer Krankenbehandlung ins Ausland reisen (sogenannte elektive
Behandlungen).

Die Richtlinie legt den Grundsatz fest, dass Versicherte bzw. anspruchs-
berechtigte Angehörige in einem anderen Mitgliedstaat ohne vorherige
Genehmigung nach den dortigen Regeln Gesundheitsdienstleistungen in
Anspruch nehmen können. Sie erhalten dafür eine Kostenerstattung von
ihrem zuständigen Krankenversicherungsträger in Höhe der innerstaatlich vorgesehenen Erstattungssätze.

Der Mitgliedstaat, in dem die Gesundheitsdienstleistung erbracht
wird **(Behandlungsmitgliedstaat)**, hat den Zugang zu seinem Gesundheitssystem in **nichtdiskriminierender Weise** zu gewähren. Ein-
schränkungen sind nur aus den vom EuGH anerkannten Gründen möglich
(erhebliche Gefährdung des finanziellen Gleichgewichts des Systems der
sozialen Sicherheit, Planbarkeit im Hinblick auf das Ziel einer ausge-
wogenen, allen zugänglichen klinischen und ärztlichen Versorgung und
die Erhaltung eines bestimmten Umfangs der medizinischen und pflege-
rischen Versorgung).

EU-weites Diskriminierungsverbot bei Gesundheitsdienstleistungen

Voraussetzungen für eine Kostenerstattung

Der Mitgliedstaat, in dem eine Person versichert ist **(Versicherungsmitgliedstaat)**, hat grundsätzlich die Kosten einer Behandlung im Ausland
zu erstatten. Er muss die Versicherten über ihre Ansprüche, über die Verfahren zur Geltendmachung der Ansprüche, über die Kostenerstattung
und über Rechtsmittel informieren. Voraussetzung für einen Kostener-
stattungsanspruch ist, dass der Versicherte auf die betreffende Leistung
im Inland Anspruch hat (die Leistung also im **nationalen Leistungskatalog** vorgesehen ist). Der Versicherungsmitgliedstaat erstattet die
Kosten maximal bis zu der Höhe, die er für eine Leistungserbringung
im Inland gezahlt hätte. Die Mitgliedstaaten können sich jedoch entscheiden, die gesamten Kosten zu tragen, auch Reisekosten oder Extra-
kosten von behinderten Personen.

Vorabgenehmigung bei stationären und spezialisierten Behandlungen

Die Kostenübernahme darf nur in **Ausnahmefällen** von einer **vorhergehenden Genehmigung** abhängig gemacht werden. Die Fälle, in denen eine Genehmigung verlangt werden darf, sind sehr eingeschränkt; überdies muss es ein transparentes Genehmigungsverfahren mit entsprechenden Fristen geben und Rechtsmittel müssen möglich sein für

- eine stationäre Krankenhausbehandlung oder
- eine ambulante Behandlung, die hoch spezialisierte und kostenintensive medizinische Infrastruktur und Ausrüstung erfordert.

Die Genehmigung darf **verweigert** werden,

- wenn die geplante Behandlung nicht Teil der Leistungen ist, die im Versicherungsmitgliedstaat vorgesehen sind, oder
- die Behandlung innerhalb eines in Anbetracht des derzeitigen Gesundheitszustands des Patienten und des voraussichtlichen Verlaufs der Krankheit medizinisch vertretbaren Zeitraums im Versicherungsmitgliedstaat gewährt werden kann,
- bei Behandlungen, die ein besonderes Risiko für die Patienten oder die Bevölkerung darstellen, oder
- wenn Bedenken gegen den Gesundheitsdienstleister in Bezug auf die Einhaltung der Qualitätsstandards bestehen.

Gründe für die Verweigerung einer Behandlung

Verschreibungen von Arzneimitteln und Medizinprodukten aus anderen Mitgliedstaaten sind grundsätzlich anzuerkennen. Die Richtlinie gilt nicht für den Bereich der **Langzeitpflege,** für die Zuteilung und den Zugang zu Organen zum Zweck der **Organtransplantation** sowie für öffentliche **Impfprogramme.** In diesen Bereichen sind daher die genannten Regeln nicht anwendbar und es kann innerstaatlich der Zugang und die Kostentragung abweichend festgelegt werden.

Das Recht auf Behandlung

Wer sich in ärztliche Hände begibt, darf eine Behandlung
erwarten, die ausreichend und zweckmäßig ist, ohne
das Maß des Notwendigen zu überschreiten.

Die Pflichtversicherung

Die überwiegende Mehrheit der in Österreich lebenden Personen genießt den Schutz der sozialen Krankenversicherung. Etwa zwei Drittel davon sind aufgrund eigener Beiträge anspruchsberechtigt, dem Rest, den mitversicherten Angehörigen, werden dieselben Leistungen gewährt. Als Rechtsgrundlage für die Leistungspflicht im Krankheitsfall dienen in erster Linie das Allgemeine Sozialversicherungsrecht **(ASVG)** sowie Sondergesetze für Bauern, Beamte, Gewerbetreibende etc. Daneben enthalten auch die Gesamt- und Einzelverträge, die die Beziehung zwischen dem Arzt und dem Versicherungsträger gestalten, und die Krankenanstaltenverträge, die zwischen den Sozialversicherungsträgern und den Krankenanstalten geschlossen werden, für den Patienten wichtige Bestimmungen.

In erster Linie erbringen die Krankenversicherungträger **Sachleistungen** wie Anstaltspflege, Hauskrankenpflege, ärztliche Behandlungen, Vorsorgeuntersuchungen, Arzneimittel oder Heilbehelfe. Behandlungen werden in versicherungseigenen Ambulatorien oder von den Fondskrankenanstalten – das sind Krankenhäuser des jeweiligen Versicherungsträgers – bzw. den Vertrags- oder Kassenärzten angeboten. Daneben werden dem Versicherten unter bestimmten Voraussetzungen aber auch

Kranken-versicherung ist in der Regel Pflicht-versicherung

Selber zahlen

Wer sich nicht in der allgemeinen Gebührenklasse, sondern in der Sonderklasse versorgen lassen will, sollte rechtzeitig eine Zusatzversicherung abschließen. Mit einer privaten Zusatzversicherung kann man gewisse Leistungen – z.B. Anspruch darauf, nur von einem bestimmten Chirurgen operiert oder ausschließlich durch den Chefarzt betreut zu werden – „erkaufen". Gleiches gilt auch für spezielle Unterbringungswünsche. Nur wer eine private Zusatzversicherung abgeschlossen hat, zu deren Leistungsumfang die Unterbringung im Ein- oder Zweibettzimmer gehört, kann auch darauf pochen. Hat das Krankenhaus allerdings keine Einzelzimmer, nützt auch die teuerste Polizze nichts – der Kranke wird dann lediglich einen Betrag für die nicht in Anspruch genommene Leistung von seiner Versicherung zurückbekommen können.

die Kosten für Gesundheitsdienstleistungen, die von Ärzten oder Einrichtungen erbracht werden, welche bei den Krankenversicherungsträgern nicht unter Vertrag stehen, in Form von Barleistungen erstattet. Bei einigen Leistungen ist eine **Kostenbeteiligung** des Patienten vorgesehen (z.B. Rezeptgebühr, Kostenbeitrag für die Pflege im Krankenhaus), bei anderen Leistungen (z.B. Zahnersatz) werden bloß **Kostenzuschüsse** gewährt.

Kosten des stationären Aufenthalts nach Komatrinken

Eine 17-Jährige war nach dem Konsum alkoholischer Getränke von der Rettung in ein Krankenhaus eingeliefert worden. Als Vorsichtsmaßnahme wurde im Krankenhaus eine Blutabnahme durchgeführt, weil die Ärzte zu diesem Zeitpunkt nicht wissen konnten, was sie alles eingenommen hatte, das nachträglich zu einem kritischen behandlungsbedürftigen Zustand hätte führen können (z.B. Opiate). Da sich dabei herausstellte, dass bei ihr nur ein alkoholisierter Zustand (1,5 Promille) vorlag, verblieb sie bis zur Ausnüchterung am Morgen im Krankenhaus. Zur Beschleunigung der Ausnüchterung bekam sie eine Infusion.

Auszugehen ist davon, dass dann, wenn ein Versicherter bei Alkoholisierung lediglich der Ausnüchterung bedarf, mangels Behandlungsbedürftigkeit der Versicherungsfall der Krankheit zu verneinen ist. In diesem Fall besteht auch kein Leistungsanspruch gegenüber dem Krankenversicherungsträger aus dem Titel der Anstaltspflege, weil der Krankenhausaufenthalt nur die fehlende häusliche Pflege und Obsorge ersetzt und nicht einer Erfolg versprechenden Behandlung einer Krankheit dient.

Allerdings besteht bis zur Klärung des Krankheitsverdachtes ein Anspruch auf Krankenbehandlung bzw. Anstaltspflege. Da sich durch die Untersuchungen jedoch herausstellte, dass lediglich eine Alkoholisierung der Jugendlichen vorlag, die allein der Ausnüchterung bedurfte, ist der Anspruch auf Krankenbehandlung bzw. Anstaltspflege erloschen und die Versicherte hat die nach Abschluss der Diagnose angefallenen Kosten der Anstaltspflege selbst zu tragen. Dies bedeutet, dass die Laborkosten für die Diagnose und allenfalls auch die Kosten des Rettungseinsatzes die Sozialversicherung zu tragen hat. Ab dem Zeitpunkt, zu dem klar war, dass das Mädchen nichts anderes als alkoholisiert war, hat aber sie für die Kosten der Anstaltspflege aufzukommen.

Versicherungsfall „Krankheit" nur bei Behandlungsbedürftigkeit

Automatisch versichert

Die Pflichtversicherung tritt **automatisch** mit der Arbeitsaufnahme durch einen unselbstständigen Arbeitnehmer oder der Erlangung der Gewerbeberechtigung bei Selbstständigen ein. Eine besondere Meldung oder ein Antrag seitens des Arbeitnehmers beim Sozialversicherungsträger ist nicht erforderlich. Prinzipiell kommt es zu einer **Vollversicherung,** das heißt, der Versicherte ist kranken-, unfall- und pensionsversichert; Ausnahmen gibt es beispielsweise bei geringfügig Beschäftigten.

Versicherungsfall „Krankheit"

Nicht jede Störung des Wohlbefindens ist eine **Krankheit** im Sinne des Sozialversicherungsrechts. Vielmehr muss es sich um einen „regelwidrigen Körper- oder Geisteszustand" handeln, der eine „Krankenbehandlung notwendig macht". Auf die **Ursache** der Krankheit kommt es nicht an. Insbesondere ist ohne Bedeutung, ob der Versicherte die Krankheit selbst leichtsinnig herbeigeführt hat. Eine als Folge einer Totgeburt (z.B. Tod des Kindes, weil Arzt eine Uterusruptur nicht erkannte und daher einen Kaiserschnitt zu spät einleitete) eingetretene **Verbitterungsstörung** etwa ist nicht als Krankheit einzustufen, wenn keine psychosewertige Persönlichkeitsstörung vorliegt.

Im Gegensatz zum Sozialversicherungsrecht ist der medizinische Krankheitsbegriff weiter, weil er nicht auf die „Behandlungsbedürftigkeit" im Sinn von Beeinflussbarkeit des Leidens abstellt. Ist die Entwicklung des Leidens einmal abgeschlossen, liegt ein **„Gebrechen"** vor, für das die Krankenversicherung nur äußerst beschränkt leistungszuständig ist.

Unterschiedliche Krankheitsbegriffe

Undurchsichtig

Nach der Rechtsprechung besteht etwa bei einem medizinisch nicht indizierten Schwangerschaftsabbruch keine Leistungspflicht; Organspende und Süchtigkeit werden hingegen als Krankheit qualifiziert. Die In-vitro-Fertilisation wird durch einen eigenen Fonds finanziert.

Durch die Krankenbehandlung sollen die Gesundheit, die Arbeitsfähigkeit und die Selbsthilfefähigkeit wiederhergestellt werden. Keine Krankenbehandlung stellt z.B. die Schutzimpfung dar. Das Ergebnis der Behandlung ist nicht entscheidend, sofern sie zumindest zu Beginn **Erfolg versprechend** war. Die Krankenbehandlung umfasst:

- ärztliche Hilfe, einschließlich der ihr gleichgestellten diagnostisch-therapeutischen Hilfe (z.B. durch Psychologen)
- Erbringung von Heilmitteln (Arzneien) und Heilbehelfen (z.B. Massagen, Verbandsmittel, Brillen)
- medizinische Hauskrankenpflege (z.B. Verabreichung von Injektionen durch diplomierte Krankenschwestern)
- Anstaltspflege

Besonderes gilt für **Zahnbehandlungen.** Solche Arbeiten können von Zahnärzten, Dentisten und in Zahnambulatorien erbracht werden. Nur die chirurgische und konservierende Zahnbehandlung ist eine gesetzliche Pflichtleistung. Das Gleiche gilt für Kieferregulierungen, sofern sie zur Verhütung von schweren Gesundheitsstörungen oder von störenden Verunstaltungen notwendig sind (z.B. Hasenscharte). Auch unentbehrlicher Zahnersatz wird als Pflichtleistung gewährt.

Eingeschränkte Leistungspflicht bei Zähnen

Besonders wichtig bei der Inanspruchnahme von Zahnersatz ist die Unterscheidung zwischen vertraglichen Leistungen (= ausschließlich abnehmbarer Zahnersatz, sogenannte Prothese, samt medizinisch notwendigen Halteelementen, sogenannten Klammerzahnkronen) und außervertraglichen (insbesondere fest sitzender Zahnersatz und Sonderanfertigungen).

Bei Vorliegen von **Vertragsleistungen** übernimmt die Kasse einen bestimmten Prozentsatz, meist etwa 75 Prozent (= Kassenanteil) des mit der Ärztekammer vereinbarten Tarifes. Der Patient hat die restlichen 25 Prozent selbst zu bezahlen (= Patientenanteil). Bei Inanspruchnahme eines **Wahlzahnarztes** werden von der Kasse rund 80 Prozent des Kassenanteils rückerstattet, sofern es sich um Vertragsleistungen handelt!

Was ist nun eine Vertragsleistung? Darunter versteht man einen **Zahnersatz,** der die medizinische und funktionelle Wiederherstellung der Kaufähigkeit gewährleistet. Dabei sind auch die kosmetischen Erfordernisse (Zahnform, Zahnfarbe und Zahnstellung) im üblichen Rahmen zu berücksichtigen. Die Vertragsleistung beinhaltet alle dazu notwendigen technischen und medizinischen Maßnahmen.

Sonderleistungen (z.B. Verwendung von Edelmetallen), die über den vertraglichen Rahmen hinausgehen, müssen Sie selbst bezahlen. Der Vertragszahnarzt ist verpflichtet, Sie vorher entsprechend (über Art und Kosten) aufzuklären.

Sonderfall

Schwangerschaft und **Entbindung** sind bei normalem Verlauf keine Krankheit, werden aber auch von der Krankenversicherung erfasst. Es muss allerdings acht Wochen vor der Entbindung eine Versicherung bestanden haben. Eine Entbindung liegt vor, wenn das Kind lebend geboren wird oder die (tote) Leibesfrucht ein Gewicht von 500 Gramm erreicht hat.

Dauer der Behandlung

Eine Behandlung wird bei aufrechtem Versicherungsverhältnis für die Dauer der Erkrankung **ohne zeitliche Begrenzung** gewährt (Ausnahme: Kranken- und Wochengeld). Tritt die Krankheit innerhalb von drei Wochen nach Ende der Beschäftigung während der Arbeitslosigkeit ein, so bestehen Ansprüche, wenn der Betroffene eine bestimmte Mindestdauer versichert war. Außerdem besteht ein Anspruch auf Fortbehandlung über das Ende des Versicherungsverhältnisses hinaus, wenn ein einheitlicher Versicherungsfall vorliegt, d.h., eine in den Versicherungszeitraum fallende Erkrankung später noch weitere Behandlungsschritte erforderlich macht.

Mehr Kostenbeteiligungen

Um die Krankenversicherung finanziell zu entlasten, werden den Versicherten zunehmend **Kostenbeteiligungen** auferlegt. Für den Bezug von Heilmitteln ist seit je eine Rezeptgebühr zu entrichten. Bei Heilbehelfen hat der Versicherte mindestens 10 Prozent der Kosten selbst zu

Sohn nüchtert im Spital aus: Vater muss zahlen

„Rausch": Mit diesem knappen, aber eindeutigen Hinweis lehnte der Chefarzt einer Gebietskrankenkasse die Übernahme der Kosten eines Spitalsaufenthalts ab. Ein 15-Jähriger hatte eine Nacht in einem Linzer Spital verbracht, nachdem er vorübergehend bewusstlos und allem Anschein nach stark alkoholisiert eingeliefert worden war. Unklar war, ob er auch, wie die Betreuerin im Jugendheim mutmaßte, in dem er untergebracht war, Tabletten eingenommen hatte.

Auf die Beschwerde des Vaters gegen die Vorschreibung von Pflegegebühren in Höhe von 825 Euro hob der Unabhängige Verwaltungssenat den Bescheid des Bürgermeisters auf: Man hätte im Spital erkennen können, dass der Bursch einen gewöhnlichen Rausch hatte und gar keiner Behandlung bedurfte.

Dagegen legte aber der Spitalserhalter Beschwerde ein. Der Verwaltungsgerichtshof bestätigte, dass die Aufnahme in stationäre Behandlung sehr wohl nötig gewesen sei: zur Beobachtung wegen der ungeklärten, am Ende verneinten Tabletteneinnahme. Die nicht näher begründete Ablehnung der Kostenübernahme durch den Chefarzt allein hatte jedenfalls „keinerlei Beweiswert für das Fehlen der Notwendigkeit einer Aufnahme".

tragen. Beamte und gewerblich Selbstständige haben sich außerdem an den Kosten der ärztlichen Hilfe im Ausmaß von 20 Prozent zu beteiligen.

Bei Anstaltspflege gebührt dem Spitalsträger ein Beitrag zu den **Verpflegungskosten** bis zu 28 Tage pro Jahr von jedem Patienten. Befinden sich Angehörige eines ASVG-Versicherten in Anstaltspflege, hat der Versicherte in den ersten 4 Wochen einen Kostenbeitrag von 10 Prozent des jeweiligen Pflegegebührensatzes zu tragen.

Selbstbehalt durch Kostenbeitrag in Spitälern

Welche Behandlung steht mir zu?

Die Krankenbehandlung muss ausreichend und **zweckmäßig** sein, sie darf jedoch das Maß des Notwendigen nicht überschreiten (**Ökonomiegebot**). Gewisse Leistungen bedürfen vor der Erbringung der Genehmigung des Versicherungsträgers. (Die Kosten für **homöopathische Mittel** etwa werden von der Wiener Gebietskrankenkasse nur in Ausnahmefällen und nach chefärztlicher Bewilligung durch den Medizinischen Dienst übernommen.) Die wirtschaftliche Behandlungs- und Verschreibweise wird durch Richtlinien des Hauptverbandes der Sozialversicherungsträger konkretisiert. Medizinische Experimente werden nicht abgedeckt. Die Behandlung kann auch im Ausland erfolgen (▶ Seite 41ff), doch besteht kein Anspruch auf eine „weltbeste Versorgung".

Eine Frage der Notwendigkeit

Ob eine Krankenbehandlung noch im Bereich des Notwendigen liegt, lässt sich oft nur schwer beurteilen und kontrollieren. Jedenfalls muss **ärztliche Hilfe** im Allgemeinen von einem Arzt oder unter ärztlicher Anleitung bzw. Aufsicht geleistet werden. Die ärztliche Hilfe umfasst nicht nur die eigene Tätigkeit des Arztes, sondern auch die Tätigkeit anderer zur Unterstützung herangezogener Hilfspersonen. Werden etwa auf Anordnung und unter Anleitung des Arztes Massagen, Abreibungen oder Einpackungen vom **Gehilfen** vorgenommen, so gehören sie zur ärztlichen Behandlung, weil es sich nicht bloß um die Anwendung sachlicher Mittel (Heilmittel), sondern um Einwirkung durch persönliche Tätigkeit handelt. „Arztferne Tätigkeiten" lassen sich jedoch nur dann der ärztlichen Hilfe zurechnen, wenn der einschreitende Nichtarzt zu einem Arzt in einer qualifizierten Verantwortungsbeziehung steht, die dessen Aufsicht und Anleitung gewährleistet.

> **Ärztliche Hilfe umfasst auch Tätigkeit von Gehilfen**

Bei sogenannten Außenseitermethoden (**Alternativmedizin** – z.B. Homöopathie, Akupressur, Kinesiologie) kommt es nach der Judikatur darauf an, ob eine wissenschaftlich anerkannte Methode erfolglos versucht wurde und die alternative Behandlung erfolgreich war oder zumindest nach den bisherigen Erfahrungen mit einem Erfolg gerechnet werden dürfte. Die Leistung hat aber auch hier durch einen Arzt zu erfolgen.

Größter Nutzen zu geringsten Kosten

Als Faustregel gilt, dass der größtmögliche therapeutische **Nutzen** mit den geringsten **Kosten** erzielt werden soll. Die Kosten der jeweiligen Behandlungsmethode dürfen bei der Entscheidung nur dann berücksichtigt werden, wenn mehrere Methoden tatsächlich den gleichen medizinischen Erfolg versprechen. In erster Linie ist jedoch auf das **Wohl des Patienten** Rücksicht zu nehmen und genau zu prüfen, ob die Methoden tatsächlich gleichwertig sind. Wesentliche den Patienten betreffende Kriterien (z.B. das Risiko einer Vollnarkose) sind bei der Methodenwahl zu berücksichtigen.

Versuchskaninchen Patient?

Manchmal erfolgt die **Ausbildung** von medizinischem Personal (Schwesternschülerinnen, Famulanten) an Patienten. Wenn Sie das nicht wollen, müssen Sie eine derartige Behandlung ausdrücklich **ablehnen.**

Neue Medikamente dürfen an Ihnen nur unter der Voraussetzung **klinisch geprüft** werden, dass Sie dieser Prüfung nachweislich zugestimmt haben. Davor müssen Sie allerdings besonders ausführlich aufgeklärt worden sein. Sie können Ihre Zustimmung verweigern bzw. auch wieder zurückziehen. Klinische Prüfungen an Kranken sind unter der weiteren Voraussetzung zulässig, dass sie dem Patienten voraussichtlich einen medizinischen Nutzen bringen. Ferner müssen Teilnehmer an solchen Prüfungen eigens versichert werden.

Ablehnungsrecht bei Personal in Ausbildung und neuen Medikamenten

Umfangreiches Zulassungsverfahren

Wussten Sie, dass Medikamente in Österreich erst auf den Markt gebracht werden dürfen, wenn sie nach eingehender Prüfung von der zentralen Europäischen Zulassungsbehörde oder vom österreichischen Gesundheitsministerium zugelassen wurden? Wesentliche Voraussetzung für eine Zulassung sind klinische Studien, die die Wirksamkeit und mögliche Nebenwirkungen feststellen. Die Durchführung der klinischen Prüfung von Arzneimitteln und Medizinprodukten sowie die Anwendung neuer medizinischer Methoden (biomedizinische Forschungsvorhaben) ist durch die **Ethikkommission** zu beurteilen.

Versuche nur nach Zustimmung

Die klinische Prüfung eines Arzneimittels darf nur durchgeführt werden, wenn, wie bereits erwähnt, die Versuchsperson durch einen Arzt über Wesen, Bedeutung, Tragweite und Risiken der klinischen Prüfung aufgeklärt worden ist und ihre **Einwilligung** hiezu erteilt hat. Die Einwilligung ist nur rechtswirksam, wenn die Versuchsperson geschäftsfähig und in der Lage ist, Wesen, Bedeutung, Tragweite und Gefahren der klinischen Prüfung einzusehen und ihren Willen danach zu bestimmen. Die Einwilligung darf **jederzeit widerrufen** werden. Sind für die Durchführung der klinischen Prüfung mehrere Einwilligungen erforderlich, so darf die klinische Prüfung an dieser Person nicht fortgesetzt werden, wenn auch nur eine dieser Einwilligungen widerrufen wird. Die Einwilligung muss in **schriftlicher** Form festgehalten werden. Die Einwilligung muss datiert und entweder mit der persönlichen Unterschrift der Versuchsperson versehen oder vor einem Zeugen abgegeben werden, der die Einwilligung durch seine Unterschrift bestätigt.

Widerruf bei Versuchen immer möglich

Medizinische Außenseitermethoden

Mit einer Gelöbnisformel verpflichten sich die Ärzte zu verantwortungsbewusstem Handeln gegenüber den Patienten. Methoden, die von der herrschenden Lehre „anerkannt" werden, entsprechen dem sogenannten Stand der Wissenschaft. Freilich kann auch die Schulmedizin irren. Eine Behandlung, die heute noch als Erfolg versprechend gilt, kann schon morgen nachweislich wirkungslos oder sogar schädlich sein. Die Festschreibung anerkannter Heilmethoden schützt den Arzt. Solange er sich bei der Ausübung seines Berufes an diesen Leitlinien der Heilkunst orientiert, handelt er juristisch jedenfalls korrekt.

Das Ärzte- und Krankenanstaltenrecht wie auch die Judikatur stellen sicher, dass die Krankenbehandlung unter Zugrundelegung von gesicherten medizinischen Erkenntnissen und nach dem anerkannten Stand der Medizin nach Umfang und Qualität eine hinreichende Chance auf einen Heilungserfolg bietet. Der **Standard** der Behandlung darf sich aber nicht nur an Universitätskliniken und Spezialkrankenhäusern orientieren, sondern muss die dem Patienten örtlich zur Verfügung stehenden Möglichkeiten mitberücksichtigen. Das schließt ein, dass nicht jede apparative und methodische Neuerung umgehend nachvollzogen werden muss.

Ob und wie therapiert wird, entscheidet grundsätzlich der Arzt

Art, Inhalt und Umfang der ärztlichen Leistung werden vom freiberuflichen Arzt dominiert. Die ärztliche **Therapiefreiheit** bedeutet zugleich **Methodenfreiheit.** Die Methodenfreiheit findet jedoch berufs- und haftungsrechtlich insbesondere dann ihre **Grenze**, wenn die vom Arzt vorgeschlagene Methode mittlerweile von einer neueren, risikoärmeren oder weniger belastenden Methode abgelöst worden ist. Zudem verbietet der ärztliche Berufsauftrag, diagnostische oder therapeutische Methoden unter missbräuchlicher Ausnutzung des Vertrauens, der Unwissenheit, der Leichtgläubigkeit oder der Hilflosigkeit von Patienten anzuwenden.

> **Arzt hat freie Wahl von Therapie und Methode**

Für ein schuldhaftes Unterschreiten des medizinischen Standards hat der Arzt haftungsrechtlich einzustehen. Ärzte sind verpflichtet, sich **fortzubilden.** Sind bestimmte Behandlungsmethoden überholt und haben sich bestimmte für den Patienten risikolosere Verfahren durchgesetzt, stellt es einen Behandlungsfehler dar, wenn der Arzt bei der überholten Behandlungsmethode bleibt. Auch darf sich der Arzt nicht einfach auf die Kenntnisse der lokalen Übung oder die subjektive Überzeugung der an einem Krankenhaus tätigen Mediziner beschränken.

Medizinischer Standard ausschlaggebend

Der Arzt kann z.B. frei wählen, ob die Behandlung einer Fraktur konservativ mittels Eingipsen oder operativ durchzuführen ist. Hat sich in letzter Zeit ergeben, dass sich die operative Behandlungsmethode wesentlich besser auf den Heilungsverlauf auswirkt und ist diese Erkenntnis zum medizinischen Standard erklärt worden, muss er sich für die Operation entscheiden. Er hat also keine Therapiewahl mehr. Fällt seine Entscheidung trotzdem zugunsten der konservativen Methode aus, liegt ein **Therapiefehler** vor.

Ein Patient hat kein Recht auf Anwendung einer im Krankenhaus zwar angebotenen, aber vom behandelnden Arzt als nicht zielführend eingeschätzte Behandlungsmethode. Ist eine Alternativmethode (z.B. **Madentherapie**) eine therapeutisch adäquate Alternative zur vom Arzt vorgeschlagenen Behandlung (z.B. **Beinamputation**), ist der Patient darüber aufzuklären. Das Fehlen einer entsprechenden Aufklärung ist aber nicht kausal für einen beim Patienten eingetretenen Schaden, wenn dieser über ausreichende Informationen (z.B. aus dem Internet) verfügt. Wer über eigene Nachforschungen Kenntnis der Alternativtherapie hat und insofern zur Beurteilung der offen stehenden Behandlungsmöglichkeiten in der Lage ist, der ist nicht auf die Informationen durch den Arzt angewiesen. Eine Schadenersatzforderung (z.B. auf Ersatz der wegen Ablehnung der Alternativtherapie und dem damit notwendigen Arztwechsel angefallenen Behandlungs- und Fahrtkosten) ist nur dann berechtigt, wenn der Arzt verpflichtet gewesen wäre, diese Alternativtherapie anzubieten und durchzuführen.

Der Patient hat aus dem Behandlungsvertrag Anspruch auf Anwendung der nach dem Stand der Wissenschaft zu fordernden **sichersten** Maßnahmen zur möglichsten Ausschaltung oder Einschränkung bekannter Operationsgefahren. Ein Verstoß gegen die Regeln medizinischer Kunst liegt vor, wenn die vom Arzt gewählte Maßnahme hinter dem in Fachkreisen anerkannten Standard zurückbleibt. Ein Arzt handelt fehlerhaft, wenn er das in Kreisen gewissenhafter und aufmerksamer Ärzte oder Fachärzte vorausgesetzte Verhalten unterlässt.

Nicht immer kann aber die von der überwiegenden Zahl der Ärzte und Krankenanstalten ausgeübte Behandlung als wissenschaftlich allgemein anerkannt bezeichnet werden, weil die Ursache vieler Krankheiten noch immer nicht erforscht ist und jede Art der Behandlung deshalb zwangsläufig experimentellen Charakter hat, ohne dass der Nachweis medizinischer Richtigkeit geführt werden kann. Die Fallgruppe der **unheilbaren Krankheiten,** bei denen es keine wissenschaftlich allgemein anerkannte

Anspruch auf möglichst risiko-arme Behandlung

Behandlungsmethode gibt, umfasst insbesondere Multiple Sklerose, AIDS und weite Bereiche von Tumorerkrankungen (Krebs).

Aber selbst wo konventionelle Methoden versagen, brauchen neue Entwicklungen ihre **wissenschaftliche Absicherung,** anderenfalls haftet der Arzt im Schadensfall für die unzulässige Anwendung einer nicht anerkannten Praxis. Wichtig ist, dass der Arzt bei Vornahme einer Alternativbehandlung den Patienten umfassend darüber aufklärt, dass er medizinisches Neuland betritt.

Es muss grundsätzlich die in Fachkreisen als am wirkungsvollsten angesehene Methode angewandt werden. Ein Verstoß gegen in Fachkreisen anerkannte Regeln zur Vorbeugung oder Behandlung einer dennoch eingetretenen Infektion etwa ist einem Arzt nur dann anzulasten, wenn die vorbeugende Gabe eines Antibiotikums bereits zu einem Zeitpunkt möglich gewesen wäre, als noch keine behandlungsbedürftige Entzündung (z.B. des operierten Kniegelenks) vorlag, und deren Unterlassung den in Fachkreisen anerkannten Regeln der gebotenen Vorbeugung widersprochen hätte. Für die Beurteilung der gebotenen ärztlichen Sorgfalt kommt es auf den **Kenntnisstand des Arztes** zum Zeitpunkt der Behandlung an.

Infektionsrisiko

Grauzone der Wissenschaft

Die Medizin hätte sich allerdings nicht weiterentwickelt, wenn kein Arzt je den gesicherten Boden der Schulmedizin verlassen hätte. **Akupunktur** und homöopathische Arzneien etwa waren lange als medizinische Außenseiter umstritten, sind aber heute als sanfte Heilung aus dem breiten Behandlungsspektrum nicht mehr wegzudenken. Während

Kostenübernahme nur in Ausnahmefällen

Wollen Sie mithilfe der Alternativmedizin gesund werden, so ist das in der Regel ein teures Unterfangen. Meist übernimmt die Kasse nur in Ausnahmefällen die Kosten hierfür. Erkundigen Sie sich daher **vor** Behandlungsbeginn bei Ihrer Krankenversicherung.

jedoch die Erfolgswirkung der Nadelakupunktur bei bestimmten Krankheitsbildern als wissenschaftlich erwiesen gilt, wird der Homöopathie nach wie vor weitgehend die Anerkennung versagt.

Entsprechend dieser Einschätzung sind **homöopathische Behandlungen** kein ausdrücklich genannter Bestandteil des Leistungskataloges zwischen Vertragsarzt und Sozialversicherung und werden daher nicht gesondert als eigene Leistungsposition vergütet. Die Sozialversicherung unterscheidet in der Honorierung nicht, ob der Arzt homöopathisch oder im Rahmen der Schulmedizin vorgeht. Die sogenannte „Weißliste" (Auflistung der homöopathischen Ärzte) wird grundsätzlich als Nachweis für die homöopathische Tätigkeit akzeptiert.

Tarife der Honorarordnung gelten auch für homöopathische Behandlung

Werden die Kosten für eine homöopathische Behandlung von der Krankenkasse übernommen, gelten die entsprechenden Tarife für schulmedizinische Behandlungen. Die Judikatur hat folgende Voraussetzungen für die Möglichkeit der **Kostenübernahme** insbesondere von homöopathischen Arzneien als zweckmäßige Krankenbehandlung entwickelt:

- Es muss zuvor eine zumutbare Erfolg versprechende Behandlung nach wissenschaftlich anerkannten Regeln versucht worden sein (das gilt zumindest dann, wenn diese kostengünstiger ist) und
- die homöopathische Behandlung muss erfolgreich gewesen sein oder
- es musste nach den Ergebnissen einer für die Bildung eines Erfahrungssatzes ausreichenden Zahl von Fällen ein Erfolg zumindest erwartet werden können.

Akupunkturbehandlungen hingegen werden von vielen Spitalsambulanzen und kasseneigenen Ambulatorien als Kassenleistung angeboten. Praktische Vertragsärzte dürfen die fernöstliche Nadeltechnik am Kassenpatienten derzeit jedoch nicht auf Kassenkosten anwenden.

Schulmedizin bevorzugt

Nach der Rechtsprechung sind die **Kosten** einer von der Wissenschaft noch nicht anerkannten Behandlungsmethode zu ersetzen, wenn zunächst eine – kostengünstigere – zumutbare Behandlung nach wissenschaftlich anerkannten Regeln versucht wurde und die Außenseitermethode beim Versicherten **erfolgreich** war oder doch nach den bisherigen Erfahrungen (prognostisch) ein Erfolg erwartet werden durfte. Beweispflichtig ist in einem solchen Fall der Patient. Hätte jedoch schon mit schulmedizinischen Methoden das Auslangen gefunden werden können, dann kommt ein Ersatz der Kosten für die Außenseitermethode nicht in Betracht, da diesfalls das Maß des Notwendigen überschritten worden wäre und somit kein Anspruch auf eine Kostenübernahme durch den Sozialversicherungsträger bestünde.

Allerdings mutet die Rechtsprechung einem Patienten nicht immer zu, alle oder zumindest einen Großteil der herkömmlichen Mittel ohne große Erfolgsaussicht anzuwenden, um den Nachweis zu erbringen, dass sein Leiden nur noch durch alternative Heilmethoden gebessert werden kann. Nur wenn der Kostenunterschied zwischen den vergleichbaren Methoden besonders groß ist, muss der Patient die Gesamtpalette konventioneller Behandlungen ausprobieren.

Wenn jedoch schulmedizinische Behandlungsmethoden zu unerwünschten (erheblichen) **Nebenwirkungen** führen und durch alternative Heilmethoden der gleiche Behandlungserfolg (ohne solche Nebenwirkungen) erzielt werden kann, kommt eine Kostenübernahme für alternative Heilmethoden in Betracht. Aber: Eine Kostenübernahme für nicht der traditionellen Medizin zuordenbare Therapiemethoden wird nur dann bejaht, wenn die Außenseitermethode in breiten Kreisen der Bevölkerung zumindest ein gewisses Maß an Heilungserfolg aufweist und sich nicht nur auf die bloß subjektive Besserung bestehender Beschwerden beschränkt.

Nebenwirkungen durch Schulmedizin müssen nicht hingenommen werden

Schönheit ist Privatsache

Schönheit liegt im Auge des Betrachters. Aknenarben etwa stellen ein kosmetisches und kein gesundheitliches Problem dar. Ihre Entfernung – z.B. durch Laserbehandlung – wird daher normalerweise nicht von den Krankenkassen übernommen. In seltenen Fällen, bei nachgewiesener extremer psychischer Belastung, kann aber eine Kostenübernahme erreicht werden. Privatkassen bezahlen die Behandlung manchmal. Hier ist ein Nachfragen bei der jeweiligen Kasse sinnvoll.

Auch bei **Zahnbehandlungen** zahlen Krankenversicherungen „Außenseitermethoden", solange die Behandlung mit der betreffenden Technik erfolgreich verläuft. In einem konkreten Fall ging es um die sogenannte Crozat-Methode. Dabei werden kieferorthopädische Maßnahmen mit prothetischen kombiniert. Unterstützend werden bei dieser Behandlung auch alternativmedizinische Anwendungen wie Magnetfeld- und Ozon-Sauerstoff-Therapie durchgeführt. Das Gericht entschied, dass für die Bezahlung nicht die Methode, sondern allein der Erfolg der Behandlung ausschlaggebend ist.

Wird ein Arzt nur wegen der von ihm beworbenen **neuartigen** Operationsmethode bei **Krampfadern** aufgesucht, muss er umfassend über alle bestehenden alternativen Behandlungsmethoden sowie darüber aufklären, dass er beabsichtigt, nach der **herkömmlichen** Operationsmethode vorzugehen, die in jedem Krankenhaus auf Kosten der sozialen Krankenversicherung angeboten wird. Es besteht zwar keine allgemeine Rechtspflicht, den Geschäftspartner über alle Umstände aufzuklären, die auf seine Entschließung einen Einfluss haben können, doch ist eine solche zu bejahen, wenn der andere nach den Grundsätzen des redlichen Geschäftsverkehrs eine Aufklärung erwarten durfte.

Chefärztliche Bewilligung

Im Heilmittelverzeichnis der Sozialversicherung sind alle Medikamente enthalten, die von Kassenärzten ohne chefärztliche Bewilligung verschrieben werden können. Medikamente, die in diesem Heilmittelverzeichnis nicht enthalten sind, bedürfen einer **Bewilligung** durch den Chef- oder Kontrollarzt.

Die Aufgabe des Chefarztes ist es, aus der Fülle an Therapieangeboten jene auszuwählen, die folgende Voraussetzungen erfüllen: belegte **Wirksamkeit** und **Kostengünstigkeit.** Die Chefarztpflicht wird nicht auf alle Leistungen angewendet. So sind z.B. 80 Prozent der Medikamente nicht chefarztpflichtig.

Mehrkosten für Nicht-Routine-Leistungen

Die chefärztliche Bewilligung kommt bei Nicht-Routine-Leistungen zum Einsatz. Alle gängigen Erkrankungen müssen mit nicht chefarztpflichtigen Medikamenten und Therapien abgedeckt sein. Werden bei diesen Erkrankungen dann therapeutische Maßnahmen verordnet, die chefarztpflichtig sind, bedeutet dies, dass vom Chefarzt geprüft wird, ob die Mehrkosten, die bei dieser Therapie anfallen würden, medizinisch notwendig und daher gerechtfertigt sind.

Die Kontrollärzte der Versicherungsträger sind bei der Erteilung von Bewilligungen an die Richtlinien der Versicherungsträger gebunden. Die **Richtlinie** über die ökonomische Verschreibweise von Heilmitteln und Heilbehelfen untersagt Kontrollärzten beispielsweise die Genehmigung von ärztlich verordneten Mineralwässern, Badezusätzen ohne therapeutische Wirkung, von Kosmetika und Reinigungsmitteln für die Haut-, Haar- und Zahnpflege sowie von Mitteln zur Nikotinentwöhnung. Nicht im Verzeichnis aufscheinende Homöopathika – ursprünglich ebenfalls vollständig von der Kostenerstattung ausgenommen – dürfen nun mit kontrollärztlicher Bewilligung für Rechnung der Krankenversicherung abgegeben werden.

Die chefärztliche Bewilligungspflicht wurde von den Krankenkassen eingeführt, um unnötige Kosten zu vermeiden. Im Allgemeinen läuft das Verfahren wie folgt: Ihr behandelnder Arzt möchte eine bestimmte Frage z.B. mittels CT oder MR beantwortet haben und schreibt Ihnen einen Überweisungsschein. Sie leiten den Überweisungsschein persönlich oder mit der Post dem Chefarzt weiter, der seine Bewilligung durch Stempel und Unterschrift ausdrückt ("bewilligt", "befürwortet"). Selbstverständ-

Chefarzt prüft ökonomische Verschreibweise

Kasse zahlt

Der Oberste Gerichtshof sprach einem Mann, der keine Amalgam-Füllungen vertrug, für die Anfertigung von Keramik-Inlays, für deren Kosten die Krankenkasse im Regelfall nicht aufkommt, Kostenersatz zu.
Einer Frau, die an Asthma bronchiale litt, das sich auf eine Hausstaubmilbenallergie zurückführen ließ, sprach das Höchstgericht ein grundsätzlich nicht auf Kosten der Krankenkasse erhältliches Desinfektionsmittel zu.

lich kann die Bewilligung auch per Fax eingeholt werden. Eine chefärztliche Bewilligung bei der Gebietskrankenkasse und den Betriebskrankenkassen ist nicht nötig, wenn die angeordneten Untersuchungen von einem Facharzt oder einem Krankenhaus zugewiesen wurden.

Bereits Usus ist es, chefarztpflichte Medikamente via e-card zu beantragen.

Wird Ihnen für ein Medikament die chefärztliche Bewilligung versagt, können Sie bei der zuständigen Krankenkasse die Ausstellung eines Bescheides beantragen. Gegen diesen **Bescheid** kann dann **Klage** beim zuständigen Arbeits- und Sozialgericht erhoben werden. Bei diesem Verfahren fallen keine Gebühren an, auch eine Rechtsvertretung ist nicht vorgeschrieben. Wie in jedem Prozess kann auch hier der Ausgang nicht vorhergesagt werden. Tatsache ist, dass es dazu nur wenige höchstgerichtliche Entscheidungen gibt.

Entscheidung des Chefarztes ist vor Gericht überprüfbar

Rechte im Krankenhausalltag

Jeder, der es braucht, hat Anspruch auf ein Spitalsbett. Und darauf, dass auch bei Platz- und Personalknappheit seine Privat- und Intimsphäre gewahrt und auf sein Schamgefühl Rücksicht genommen wird.

Mobile Gesundheits- und Krankenpflege

Mobile (extramurale) Pflegedienste bieten professionelle Gesundheits- und Krankenpflege daheim an. Die Durchführung der Leistungen erfolgt durch diplomiertes Personal und Pflegehelfer. Extramurale Pflegedienste erfordern eine enge Zusammenarbeit mit Ärzten. Im Regelfall benötigen die Pflegedienste auch den Einsatz von Heimhilfen, Essen auf Rädern oder anderer sozialer Dienste sowie die Unterstützung von Angehörigen und Freunden.

Die **medizinische Hauskrankenpflege** ist im ASVG geregelt. Sie ist anstelle von Krankenhauspflege zu gewähren. Das heißt, der Teil der Hauskrankenpflege, der von der Krankenversicherung bezahlt wird, muss medizinisch und krankenhausersetzend sein. Diese Pflegeform ist auf vier Wochen begrenzt. Eine Verlängerung ist nur nach Vorliegen einer chef- oder kontrollärztlichen Bewilligung möglich. Die medizinische Hauskrankenpflege wird ausschließlich durch diplomiertes Gesundheits- und Krankenpflegepersonal erbracht. Die Tätigkeiten dürfen nur auf ärztliche Anordnung erfolgen und umfassen medizinische Leistungen wie z.B. die Verabreichung von Injektionen, Sondenernährung, Wundversorgung und Verbandwechsel.

Hauskrankenpflege statt Krankenhaus: bis zu 4 Wochen

Behandlung nur bei Aussicht auf Besserung

Die Krankheit muss behandelbar sein, das heißt, es muss zumindest wahrscheinlich sein, dass eine **Besserung** des Patientenbefindens durch eine Behandlung erreicht werden kann. Körperliche **Gebrechen** sind nicht mehr verbesserbare Teilausfälle der Körperfunktionen und fallen daher nicht unter den Begriff der Krankheit.

Hauskrankenpflege ist die fachliche Pflege von Menschen in deren Wohnbereich durch diplomiertes Gesundheits- und Krankenpflegepersonal und Pflegehelfer. Sie umfasst die Pflege bei Erkrankungen aller Art und in jedem Lebensalter unter Berücksichtigung des individuellen Wohn- und Sozialbereichs. Hauskrankenpflege basiert auf einem ganzheitlich orientierten Pflegekonzept, der Anwendung adäquater fachlicher

Methoden sowie der interdisziplinären Zusammenarbeit von allen in die Pflege und Betreuung involvierten Personen.

Anspruch auf ein Spitalsbett

Wenn eine ambulante Behandlung allein nicht mehr geeignet ist, das Krankheitsbild des Patienten zu bekämpfen, hat der krankenversicherte Patient einen Anspruch auf Anstaltspflege in einer Fondskrankenanstalt, sofern nicht die Möglichkeit zur medizinischen Hauskrankenpflege besteht. Fondskrankenanstalten werden über Landesfonds, in die die Sozialversicherungsträger für ihre Versicherten einzahlen, finanziert.

Unabweisbarkeit von Patienten

Nach dem Gesetz müssen Krankenanstalten Personen aufnehmen, „deren geistiger oder körperlicher Zustand wegen Lebensgefahr oder wegen Gefahr einer sonst nicht vermeidbaren schweren Gesundheitsschädigung sofortige Anstaltspflege erfordert". Ferner sind Frauen vor der Entbindung unabweisbar; bei psychisch Kranken kann ebenfalls eine Aufnahmepflicht bestehen. Überdies darf „unbedingt notwendige erste ärztliche Hilfe" in öffentlichen Krankenanstalten niemandem verweigert werden.

Der Patient hat sich grundsätzlich einer stationären Behandlung in dem Krankenhaus zu unterziehen, in das er eingewiesen wird. Obwohl ein Anspruch auf **freie Anstaltswahl** de jure nicht besteht, werden Ihre Wünsche jedoch de facto meist so weit berücksichtigt, als dadurch dem Versicherungsträger kein Mehraufwand entsteht.

Bevor sich der versicherte Patient in ein Krankenhaus begibt, hat er von der Krankenkasse eine **„Kostenübernahmeerklärung"** anzufordern, die er bei seiner Aufnahme in die Krankenanstalt vorlegen muss. Ist die Aufnahme des Patienten aber notwendig und unaufschiebbar, weil sein Zustand sofortige Behandlung erfordert, entfällt die Vorlagepflicht.

Liegen alle genannten Voraussetzungen vor, so sind die Krankenanstalten nach Maßgabe der Bettenkapazitäten und medizinischen Ausstat-

Kostenübernahme durch Versicherung vor Krankenhausbesuch klären

tung zur Aufnahme in die **allgemeine Gebührenklasse** verpflichtet. Ist das wegen Platzmangel nicht möglich, so hat die Anstalt den Kranken – ohne Verrechnung von Mehrkosten – in die **Sonderklasse** aufzunehmen.

Privat- und Intimsphäre

Die Achtung der Intimsphäre, die Wahrung der Menschenwürde und die Beachtung des Diskriminierungsverbots sind Teil der fundamentalen Persönlichkeitsrechte des Patienten. Dennoch kollidieren diese Schutzinteressen im stationären Bereich häufig mit organisatorischen Sachzwängen und begrenzten Mitteln. Patientenrechten muss aber bei gegenläufigen Interessen grundsätzlich der **Vorrang** eingeräumt werden.

Zwar sehen die üblichen Abläufe auf den meisten Krankenhausstationen so aus, dass bei einer Visite Befunde vor den Ohren der Mitbewohner erläutert werden und vor ihren Augen auch einmal ein Blick auf den Zustand der OP-Narbe am entblößten Körper vorgenommen wird. Doch auch in einem Krankenhaus-Mehrbettzimmer haben Sie als Patient ein Recht auf die Wahrung Ihrer Intimsphäre. Es ist also legitim, den Schutz Ihrer Daten und die Beachtung Ihres Schamgefühls einzufordern. Auf jeder Station gibt es **Untersuchungszimmer,** in die sich der Arzt in diesem Fall mit Ihnen zurückziehen kann. Stellen Sie Ärzten, aber auch Krankenschwestern gegenüber rechtzeitig klar, wie Sie behandelt werden möchten.

Befunde sind Privatsache

Bei Langzeit-Patienten muss sich das Krankenhaus darum bemühen, dass die bisherigen **Lebensgewohnheiten** nach Möglichkeit beibehalten werden können. Sachlich nicht gerechtfertigte Weckzeiten, fehlende Einrichtungen für die begleitende Betreuung durch Aufnahme eines Angehörigen etc. beeinträchtigen die Privatsphäre des Patienten oftmals ungebührlich.

Recht auf religiöse und psychische Betreuung

Neben der medizinischen Behandlung kommt während eines Spitalsaufenthaltes auch der psychischen Unterstützung große Bedeutung zu.

Sterben in Würde

Krankenanstalten haben ein würdevolles Sterben sicherzustellen und vorzusorgen, dass Vertrauenspersonen Kontakt mit dem Sterbenden pflegen können. Zudem ist auf Wunsch des Patienten eine seelsorgerische Betreuung zu ermöglichen. Die Leitung des Krankenhauses hat sicherzustellen, dass eine seelsorgerische Betreuung von Kranken jeder Konfession durch zuständige Organe möglich ist.

Falls Sie als Patient eine religiöse Betreuung wünschen, ist dies entsprechend sicherzustellen. Zumeist nehmen die von den einzelnen Religionsgemeinschaften ernannten **Krankenhaus-Seelsorger** diese Aufgabe wahr, doch steht es Ihnen frei, einen Seelsorger Ihres Vertrauens hinzuzuziehen. Die Religionsausübung im Krankenhaus darf Angehörige anderer Religionsgemeinschaften und Konfessionslose nicht diskriminieren oder stören.

Besuchs- und Kontaktmöglichkeiten

Als Patient sind Sie berechtigt, Ihre sozialen Kontakte möglichst unbeeinträchtigt auch im Spitalsbetrieb aufrechtzuerhalten. Bezugspersonen sollen, sofern der Patient dies wünscht, ungehindert Zugang haben, damit der Einschnitt in die bisherigen Lebensgewohnheiten des Kranken gering gehalten, einer Isolation vorgebeugt und der einförmige Tagesablauf des Patienten bereichert wird. Dieser Forderung kommen heutzutage die meisten Krankenanstalten durch **flexible Besuchszeitregelungen** und eine bedarfsgerechte Ausstattung mit **Telefon** nach. Im Fall einer nachhaltigen Verschlechterung des Gesundheitszustandes des Patienten dürfen nahestehende Personen ihn sogar außerhalb der Besuchszeiten besuchen.

Besuchszeiten zunehmend flexibel gestaltet

Besuch, nein danke

Wollen Sie keine Besuche bzw. bestimmte Personen nicht empfangen, empfiehlt es sich, dies dem Krankenhauspersonal rechtzeitig zu sagen.

Wenn der Heilungs- bzw. Genesungsprozess gefährdet ist, kann der Arzt im Einzelfall die Besuchs- und Kontaktmöglichkeiten **einschränken.** Auch Angehörige haben kein absolutes Besuchsrecht, das jederzeit durchsetzbar wäre. Primär zählt nur, was dem Patienten im Augenblick mehr nützt: die durch die Abschirmung mögliche Ruhe oder der Kontakt mit seinen Angehörigen.

Besuchsverbote und -beschränkungen sind zulässig

Da der Großteil der Patienten nicht über ein Einzelzimmer verfügt, kann es vorkommen, dass Mitpatienten durch zahlreiche Besucher gestört werden. Gerade bei **Frischoperierten** ist dies – selbst wenn die Besucher sich an die Hausordnung halten – nicht immer zumutbar. Es steht dem Krankenhaus zu, die Zahl der (gleichzeitig anwesenden) Besucher pro Patient zahlenmäßig zu beschränken, da das Recht der jeweils schützenswerteren Patienten vorgeht. Die Entscheidung darüber erfolgt nach medizinischen, hygienischen und sozialen Kriterien.

Mobiltelefone können elektrische Anlagen stören. Vor derartigen Zwischenfällen sind auch Krankenhäuser nicht gefeit. Es gibt deshalb Krankenanstalten, in denen zum Schutz der elektronischen Patientenüberwachungseinrichtung die Verwendung von Handys – auch wegen des Haftungsrisikos – grundsätzlich verboten ist.

Handyverbot
ist zulässig

Begleitrecht bei Kindern

Manchmal lässt es sich nicht vermeiden, dass man mit dem Kind ins Krankenhaus muss. Sowohl ein ungeplanter Aufenthalt als auch ein geplanter Eingriff in einer klinischen Einrichtung belasten Eltern und Kind gleichermaßen. Kinder sollten daher nur dann im Krankenhaus aufgenommen werden, wenn die medizinische Behandlung, die sie benötigen, nicht ebenso gut zu Hause oder in einer Tagesklinik erfolgen kann.

Für **Säuglinge** und deren Mütter sieht das Gesetz eine gemeinsame Anstaltsaufnahme vor. Hierbei ist egal, wer von beiden einer Behandlung bedarf; auch dürfen nur für eine Person Pflegegebühren verrechnet

Selbstversorger

Auch wenn Vater oder Mutter mit im Krankenhaus aufgenommen werden, ist deren Verköstigung meist nicht beinhaltet. Fragen Sie, wann und wo Sie etwas zu essen bekommen können (z.B. Cafeteria) bzw. nach der Karte eines Bringservice. Ist eine Elternküche vorhanden, können Sie Vorräte mitbringen und sich zeitlich unabhängig selbst versorgen.

werden. Bei **Kleinkindern** ist der Kreis der zulässigen Begleitpersonen in den Bundesländern unterschiedlich weit. Für deren Unterbringung in der Krankenanstalt müssen jedoch meist eigene **Pflegegebühren** (Nächtigung, Verköstigung) entrichtet werden. Die Krankenanstalten sind zur Aufnahme von Begleitpersonen allerdings nur insoweit verpflichtet, als es die räumlichen Gegebenheiten zulassen.

Aufnahme von Kind und Eltern

In den meisten Kliniken mit Kinderstationen ist die Aufnahme eines Elternteils zusammen mit dem Kind möglich. Zwar erfolgt die Unterbringung nicht immer beim Kind im Zimmer, aber zumindest in unmittelbarer Nähe. Meist entstehen Aufenthaltskosten, welche die Krankenkasse nicht übernimmt – fragen Sie bei Ihrer Versicherung nach der Kostenübernahme.

Krankenkasse übernimmt Aufenthaltskosten von Begleitpersonen meist nicht

Ärztliche Entscheidungsfreiheit versus Patientenverfügung

Das **Patientenverfügungs-Gesetz** definiert die Patientenverfügung als Willenserklärung, mit der ein Patient eine medizinische Behandlung ablehnt und die dann wirksam werden soll, wenn er zum Zeitpunkt der Behandlung nicht mehr einsichts-, urteils- oder äußerungsfähig ist. Der „Patient" muss bei der Errichtung noch gar nicht krank sein. Solange der Patient willensbildungsfähig ist und Willenserklärungen abgibt, gelten diese aktuellen Willensäußerungen.

Arten von Patientenverfügungen

In einer **verbindlichen Patientenverfügung** müssen die medizinischen Behandlungen, die Gegenstand der Ablehnung sind, konkret beschrieben sein oder aus dieser eindeutig hervorgehen. Der Errichtung muss eine umfassende ärztliche Aufklärung vorangegangen sein, die Errichtung selbst hat schriftlich vor einem Rechtsanwalt, einem Notar oder einem rechtskundigen Mitarbeiter der Patientenvertretungen zu erfolgen. Alle Schritte sind entsprechend zu dokumentieren. Die verbindliche Patientenverfügung gilt – sofern der Patient nicht selbst eine kürzere Frist bestimmt – fünf Jahre und kann danach unter Einhaltung der für die Errichtung bestehenden Formerfordernisse erneuert werden.

Verbindliche Patientenverfügung gilt fünf Jahre

Voraussetzungen für verbindliche Patientenverfügungen

Für verbindliche Patientenverfügungen bestehen strenge formale und inhaltliche Erfordernisse und Voraussetzungen, weil die verbindlichen Patientenverfügungen den Ärzten **keinen Auslegungsspielraum** im Rahmen der Ermittlung des mutmaßlichen aktuellen Patientenwillens lassen. Es muss

- die Errichtung **schriftlich** erfolgen,
- die medizinische Behandlung **konkret** beschrieben sein oder eindeutig aus dem Gesamtzusammenhang der Patientenverfügung hervorgehen,

Selbstbestimmt bis zuletzt

Das Wirksamwerden der Patientenverfügung hängt vom Eintreten zweier Bedingungen ab: erstens vom aussichtslosen Verlauf einer Krankheit oder einer anderen Körperschädigung, die unmittelbar den Sterbeprozess einleitet. Zweitens muss die eigene Urteilsfähigkeit stark beeinträchtigt oder nicht mehr vorhanden sein. Mit einem Patiententestament wird im Voraus die Zustimmung zu medizinischen Maßnahmen verweigert, die bloß der Verlängerung des Sterbevorgangs oder des Leidens dienen.

- aus der Patientenverfügung hervorgehen, dass der Patient die Folgen der Patientenverfügung **zutreffend** einschätzt,
- eine umfassende ärztliche Aufklärung mit medizinischen Informationen über Wesen und Folgen der Patientenverfügung erfolgt und **dokumentiert** worden sein.

Weitere Voraussetzungen für eine verbindliche Patientenverfügung ist die Errichtung vor einem

- rechtskundigen Mitarbeiter einer Patientenanwaltschaft,
- Rechtsanwalt oder
- Notar.

Die **beachtliche Patientenverfügung** wird im Gesetz „negativ" definiert: Eine beachtliche Patientenverfügung ist jede, die nicht alle Voraussetzungen einer verbindlichen Patientenverfügung erfüllt. Je mehr eine beachtliche Patientenverfügung die Voraussetzungen einer verbindlichen Patientenverfügung erfüllt, desto verbindlicher wird sie. Die beachtliche Patientenverfügung bietet sich also insbesondere dann an, wenn jemand dem behandelnden Arzt lediglich eine Orientierungshilfe bei der Ermittlung des mutmaßlichen Patientenwillens geben will, aber noch nicht konkret und verbindlich einzelne medizinische Behandlungen ablehnen möchte. Auch ist die Errichtung einer beachtlichen Patientenverfügung einfacher, da sie nicht die hohen formalen Voraussetzungen einer verbindlichen Patientenverfügung erfüllen muss.

Beachtliche Patientenverfügung als Orientierungshilfe

Tipp

Die beachtliche Patientenverfügung (sowohl schriftlich als auch mündlich) ist besonders dann zu empfehlen, wenn die behandelnden Ärzte Sie bereits kennen (etwa, weil Sie an einer chronischen oder schweren Erkrankung leiden), Sie zu diesen Ärzten ein Vertrauensverhältnis haben und Sie in der Patientenverfügung noch bestimmte Informationen an diese Ärzte weitergeben wollen.

Eine Patientenverfügung kann nur durch die betroffene Person selbst, aber nicht durch Stellvertreter oder einen Sachwalter errichtet werden. Die Errichtung einer Patientenverfügung ist somit ein **höchstpersönliches Recht.** Die Person, die eine Patientenverfügung errichten will, muss einsichts- und urteilsfähig sein. Sie muss also in der Lage sein, den Grund und die Bedeutung einer abgelehnten Behandlung einzusehen und ihren Willen nach dieser Einsicht zu bestimmen. Personen, die nicht geschäftsfähig sind und für die aus diesem Grund ein Sachwalter bestellt wurde, können, solange sie einsichts- und urteilsfähig sind, selbst eine Patientenverfügung errichten.

Patientenverfügung mit Handzeichen möglich

Personen, die einsichts- und urteilsfähig sind, aber (etwa aufgrund eines körperlichen Gebrechens) nicht oder nicht mehr selbst schreiben können, können trotzdem Patientenverfügungen errichten. Der Errichtende muss in Gegenwart von **zwei Zeugen** (oder gerichtlich oder notariell beglaubigt) ein Handzeichen (das ist eine abgekürzte Form einer Unterschrift, als Unterschriftersatz) setzen. Einer der Zeugen muss den Namen des Errichtenden unter dieses Handzeichen schreiben. Der erste und der zweite Zeuge unterschreiben dann mit ihrem Namen und bezeugen damit diesen Vorgang. Wenn der Errichtende kein **Handzeichen** setzen kann, muss die Errichtung der Patientenverfügung von einem Notar (oder Gericht) beurkundet werden.

Inhalte einer verbindlichen Patientenverfügung

Eine Patientenverfügung ist eine Willenserklärung, mit der ein Patient eine oder mehrere medizinische Behandlung(en) ablehnt. Solch eine Willenserklärung können Personen abgeben, die an einer Krankheit leiden oder auch noch nicht erkrankt sind. Mit einer Patientenverfügung können nur bestimmte (konkret genannte) medizinische Behandlungen abgelehnt werden. Die Grundversorgung mit Nahrung und Flüssigkeit ist Teil der Pflege und kann nicht abgelehnt werden. Das Setzen von **Ernährungssonden,** z.B. PEG-Sonden (und damit die Zuführung von Nahrung und Flüssigkeit für diesen Fall), kann abgelehnt werden, da für das Setzen einer Ernährungssonde ein medizinischer Eingriff die Voraussetzung ist.

Hilfsmittel zum Errichten von Patientenverfügungen

Das Formular und weitere Hilfsmittel, wie etwa eine Hinweiskarte oder auch einen Arbeitsbehelf, erhalten Sie kostenlos bei der Patientenanwaltschaft. Sämtliche schriftliche Materialien können auch von der Homepage der Patientenanwaltschaft kostenlos heruntergeladen werden (▶ Seite 187).

Behandlungswünsche (etwa eine bestimmte Art der Schmerzlinderung) können ebenfalls Inhalt einer Patientenverfügung sein, wenn folgende Voraussetzungen erfüllt sind:

- medizinische Indikation,
- tatsächliche Durchführbarkeit
- und rechtliche Erlaubtheit.

Rechtlich weiterhin verboten und als Inhalt einer Patientenverfügung nicht möglich sind „Behandlungswünsche", die sich auf Maßnahmen der aktiven direkten **Sterbehilfe** beziehen. Das sind Maßnahmen, die direkt darauf abzielen, das Leben zu verkürzen bzw. zu beenden. Andere Inhalte sind möglich, etwa die Bestimmung einer Vertrauensperson oder die Bestimmung von Personen, denen keine Auskunft über den Gesundheitszustand gegeben werden darf.

Sterbehilfe kann der Patient nicht verfügen

An wen richtet sich die Patientenverfügung?

Adressat der Patientenverfügung ist grundsätzlich der **Arzt,** aber es gibt auch andere Berufsgruppen, die von der Patientenverfügung betroffen sein können. Insbesondere für Angehörige des **Pflegepersonals** kann eine Patientenverfügung relevant sein, wenn sie im Rahmen ihres mitverantwortlichen Tätigkeitsbereichs medizinische Maßnahmen setzen. Doch auch **Sanitäter, Sachwalter** und **Gerichte,** die für einen Patienten über eine medizinische Behandlung entscheiden, müssen sich an eine Patientenverfügung halten.

Wie verbindlich ist „verbindlich"?

Juristisch ist wohl unumstritten, dass jeder Adressat **verpflichtet** ist, die Vorgaben einer verbindlichen Patientenverfügung einzuhalten. Das Gesetz lässt hier keinen Interpretationsspielraum. Auch eine beachtliche Patientenverfügung darf nicht einfach als „eben nicht verbindlich" abgetan werden, sondern ist vielmehr zur Ermittlung des mutmaßlichen Patientenwillens heranzuziehen.

Rechtsfolgen bei Missachtung einer Patientenverfügung

Verstoß gegen Patientenverfügung ist straf- und zivilrechtlich sanktioniert

Doch welche rechtlichen Möglichkeiten haben ein Patient, seine rechtlichen Vertreter oder seine Angehörigen, wenn eine Patientenverfügung nicht eingehalten wird? Welche Rechtsfolgen kann es für einen Arzt oder Angehörigen des Pflegepersonals nach sich ziehen, wenn er eine Patientenverfügung missachtet?

Das **Strafgesetzbuch** enthält für diesen Fall eine klare Regelung: Wer einen anderen ohne dessen Einwilligung, wenn auch nach den Regeln der medizinischen Wissenschaft, behandelt, erfüllt den Tatbestand der eigenmächtigen Heilbehandlung. Die eigenmächtige Heilbehandlung ist mit bis zu sechs Monaten Freiheitsstrafe oder mit einer Geldstrafe bis zu 360 Tagessätzen zu bestrafen. Voraussetzung ist, dass der Täter vorsätzlich

Beispiel

Eine verbindliche Patientenverfügung wird am 30.6.2008 errichtet. Sie gilt für fünf Jahre, somit bis 30.6.2013. Ab 1.7.2013 ist die somit „nur mehr" beachtlich. Sie ist aber vom behandelnden Arzt in einem wesentlich höheren Ausmaß zur Ermittlung des Patientenwillens heranzuziehen als etwa eine andere beachtliche, welche die formalen Voraussetzungen für eine verbindliche Verfügung kaum erfüllt und/oder vielleicht auch schon wesentlich älter ist.

gehandelt hat. Bei der eigenmächtigen Heilbehandlung handelt es sich um ein Privatanklagedelikt. Es kann somit vom Patienten selbst bzw. von seinem Sachwalter geltend gemacht werden, nicht aber von den Erben.

Die **zivilrechtliche** Seite ist komplexer und schwieriger zu beleuchten, da es in Österreich bis dato noch keinerlei Judikatur zum Thema gibt. Nimmt ein Arzt eine Behandlung vor, die ein Patient in seiner Patientenverfügung (welche dem Arzt bekannt war oder bekannt sein musste) klar abgelehnt hat, handelt er rechtswidrig, da er gegen das Gesetz verstößt. Ist der Verstoß schuldhaft erfolgt, haftet der Arzt für jenen Schaden, der durch die Nichteinhaltung der Patientenverfügung entsteht, vorausgesetzt, die Nichteinhaltung der Patientenverfügung war tatsächlich kausal für den Schaden. Während die Krankenanstalt gegenüber dem Patienten grundsätzlich aus dem Behandlungsvertrag haftet, haftet der im Krankenhaus beschäftigte Arzt deliktisch für den Schaden. Doch worin genau besteht dieser Schaden? Ist es bereits ein Schaden, dass jemand lebt, der bei korrektem Umgang mit seiner Patientenverfügung gestorben wäre?

> Ist das Überleben ein Schaden?

Gewisse Tendenzen lassen sich hier aus der bisherigen Judikatur zu **„wrongful birth"** ableiten, da die zugrunde liegenden Sachverhalte einige Parallelen aufweisen. Von „wrongful birth" spricht man, wenn Eltern ein behindertes Kind zur Welt bringen, dieses jedoch abgetrieben hätten, wenn sie über die Behinderung des ungeborenen Kindes entsprechend und zeitgerecht ärztlich aufgeklärt worden wären. Die Judikatur spricht hier den Eltern behinderter Kinder den Mehraufwand bzw. in jüngerer Zeit sogar den Ersatz des gesamten Unterhalts zu. Ansprüche des Kindes selbst wegen „wrongful life" hat der OGH jedoch bisher abgelehnt.

Ausgehend von der Judikatur zu „wrongful birth" könnte angenommen werden, dass im Fall des Weiterlebens nach Nichtbeachtung einer Patientenverfügung (untechnisch gesprochen somit im Fall von **„wrongful survival"**) allenfalls die Kosten für Unterhalt, Pflege und medizinische Versorgung ersatzfähig sein könnten. Offen bleibt, ob einer Person, die nur unter großen Schmerzen weiterlebt, auch Schmerzensgeld zugestanden würde bzw. inwieweit auch Folgeschäden ersatzfähig sein können. Praktisch denkbar wäre hier z.B. ein Entgeltausfall beim Ehepartner, der aufgrund der Pflege und Betreuung keiner eigenen Erwerbstätigkeit mehr nachgehen kann.

Die Auffindbarkeit der Patientenverfügung

Jede Haftung setzt natürlich voraus, dass der behandelnde Arzt die Patientenverfügung kannte bzw. kennen musste. Sofern der Patient die Patientenverfügung selbst beibringt und diese in die Krankengeschichte aufgenommen werden kann, ist das unproblematisch. Schwieriger sind Fälle, in denen entweder vermutet wird, dass es eine Patientenverfügung gibt, diese aber nicht vorliegt, oder Fälle, in denen gar nicht bekannt ist, ob es eine Patientenverfügung gibt. Da das Gesetz keine Verpflichtung des Arztes oder der Krankenanstalt enthält, Nachforschungen über das allfällige Vorhandensein einer Patientenverfügung anzustellen, ist von einer **Bringschuld** des Patienten auszugehen. Für medizinische Notfallsituationen ist daneben ausdrücklich geregelt, dass die Suche nach einer allfälligen Patientenverfügung das Leben und die Gesundheit des Patienten nicht ernstlich gefährden darf.

Bringschuld

Diese Bringschuld zu erfüllen, kann für den Patienten in der Praxis aber schwierig, wenn nicht gar unmöglich sein, da er häufig im Vorfeld nicht weiß, wann und in welchem Spital er behandelt wird, bzw. wenn er nicht mehr einsichts-, urteils- oder äußerungsfähig ist. In der Praxis haben sich verschiedene Ansätze entwickelt, um das Auffinden von Patientenverfügungen zu erleichtern: Häufig führt der Patient eine **Hinweiskarte** bei sich, auf der vermerkt ist, dass er eine Patientenverfügung errichtet hat und bei wem diese hinterlegt ist. Darüber hinaus besteht die Möglichkeit, eine Patientenverfügung im **Patientenverfügungsregister** der Rechtsanwälte und/oder der Notare registrieren zu lassen. Auch Kombinationen sind denkbar: So kann eine mitgeführte Karte den Hinweis enthalten, dass eine Patientenverfügung in einem Register abrufbar ist.

Kosten

Beim Errichten einer Patientenverfügung können Kosten für Sie entstehen, da die Krankenversicherungen diese Leistung nicht finanzieren. Die ärztlichen Leistungen im niedergelassenen Bereich, etwa die Beratung und Information durch den Hausarzt, sind Privatleistungen der Ärzte. Wir empfehlen Ihnen daher, mit Ihrem Vertrauensarzt (Hausarzt) das

Honorar im Vorhinein zu besprechen und zu vereinbaren. Wenn Sie eine verbindliche Patientenverfügung beim Rechtsanwalt oder Notar errichten wollen, werden zusätzliche Kosten für Sie entstehen. Sie sollten sich vorher über diese Kosten informieren. Die Errichtung einer verbindlichen Patientenverfügung bei den **Patientenanwälten** ist für Sie mit **keinen Kosten** verbunden.

Kostenloser
Service der
Patientenanwälte

Patientenverfügungen, die vor dem 1.6.2006 errichtet wurden, sind nicht bedeutungslos. Sie werden automatisch zu beachtlichen Patienten- verfügungen. Falls Sie allerdings eine verbindliche Patientenverfügung errichten wollen, müssen Sie die oben beschriebenen Formerfordernisse einhalten.

Vertrauenspersonen

Eine Vertrauensperson ist ein Mensch Ihrer persönlichen Wahl (das kann ein Angehöriger, Freund, Bekannter, Kollege, Ihr Hausarzt oder Seelsorger sein), der im gleichen Umfang wie Sie selbst vom Arzt informiert werden muss. Ihre Vertrauensperson, die Sie in der Patientenverfügung benennen, hat das Recht, über Ihren **Gesundheitszustand informiert** zu werden. Sie können auch mehrere Vertrauenspersonen anführen. Bedenken Sie jedoch, dass das Einbeziehen von mehreren Personen auch zu mehr Unklarheit führen kann.

Die Patientenverfügung bietet nicht die Möglichkeit, einen „Stell- vertreter" in medizinischen Behandlungsfragen zu bestellen. Sollte dies dennoch Ihr Wunsch sein, so ist es ratsam, einen **Vorsorgebevollmäch- tigten** als Stellvertreter zu bestellen. Im Unterschied zur Patientenverfü- gung entscheidet bei einer Vorsorgevollmacht dieser an Ihrer Stelle.

Transplantation menschlicher Organe

Das Organtransplantationsgesetz 2012 bringt erstmals Regelungen für die **Lebendspende** in Österreich. Geregelt sind Spende, Testung, Trans- port und Transplantation von Organen, die zur Transplantation in den menschlichen Körper bestimmt sind. Die Regelungen für die Organentnahme bei **Verstorbenen** und zum Widerspruchsregister wurden unverändert in das Organtransplantationsgesetz übernommen.

Der wichtigste Grundsatz lautet, dass Organe nur **freiwillig** und unentgeltlich gespendet werden dürfen. Rechtsgeschäfte, die gegen dieses Verbot verstoßen, sind nichtig. Daher dürfen sich Lebendspender nicht gegen Zahlung eines Entgelts zur Entnahme eines Organs bereit erklären. Die Abgeltung von mit der Lebendspende in Zusammenhang stehenden Aufwendungen stellt jedoch kein Entgelt dar. Abgesichert wird dieses Verbot durch ein **Werbeverbot** im Hinblick auf den Bedarf an Organen oder deren Verfügbarkeit, sofern ein finanzieller Gewinn oder vergleichbarer Vorteil in Aussicht gestellt oder erzielt wird.

Lebendspenden nicht gegen Entgelt

Organentnahme

In Österreich ist es per Gesetz erlaubt, einem Menschen, dessen Hirntod unwiderruflich festgestellt wurde, Organe zum Zweck der Transplantation zu entnehmen. Zwei voneinander unabhängige Ärzteteams müssen zuvor die Hirntod-Diagnose stellen. Um tatsächlich Organe entnehmen zu dürfen, muss außerdem sichergestellt sein, dass der mögliche Spender oder sein gesetzlicher Vertreter einer Organentnahme nicht widersprochen hat. Dazu wird in das österreichische Widerspruchsregister (geführt vom ÖBIG, dem Österreichischen Bundesinstitut für Gesundheit) Einsicht genommen, um zu prüfen, ob dort ein Widerspruch dokumentiert ist. Ebenso ausreichend wäre es, den Widerspruch schriftlich mit Unterschrift bei sich zu tragen (z.B. bei den Ausweispapieren). Liegt kein Widerspruch vor, werden in der Regel die Angehörigen gefragt, ob sie einer Organentnahme zustimmen, obwohl dies in Österreich per Gesetz nicht erforderlich wäre.

Die Frage, ob man bei einem diagnostizierten Hirntod auch wirklich tot sei, taucht immer wieder auf. Mediziner erklären dazu: Das Gehirn steuert die gesamten Lebensfunktionen des Körpers (Temperaturregulierung, Puls, Atmung usw.); sind die Gehirnfunktionen nun unwiderruflich ausgefallen, bedeutet dies das absolute, unwiederbringliche Ende des Lebens. Würde man die Maschinen abstellen, so würde der Körper unmittelbar abkühlen und sämtliche künstlich erhaltenen Aktivitäten einstellen. Allerdings wären damit auch die wertvollen Organe verloren.

Eingriffe untersagen

Wenn man Organentnahmen und andere Eingriffe an seinem Leichnam untersagen möchte, ist es in Österreich notwendig, dies ausdrücklich schriftlich festzuhalten. Solch eine Erklärung kann beim Österreichischen Bundesinstitut für Gesundheitswesen (ÖBIG) abgegeben werden. Das ÖBIG führt ein Register, in das Sie sich gegen geringe Kosten eintragen können. Bevor ein Organ entnommen wird, muss der verantwortliche Arzt beim ÖBIG anfragen, ob dort eine solche Erklärung abgegeben wurde.

Die neuen Bestimmungen zur Lebendspende legen fest, dass eine Organspende von **Minderjährigen** nicht zulässig ist. Die Beurteilung und die Auswahl der Spender haben nach dem Stand der medizinischen Wissenschaft zu erfolgen. Im Hinblick darauf, dass es sich bei der Lebendspende um einen ausschließlich fremdnützigen Eingriff handelt, werden besondere Anforderungen an die ärztliche **Aufklärung** festgelegt. Potenzielle Spender müssen in einer für sie verständlichen Weise über die geplante Entnahme, deren Zweck, die damit verbundenen Risiken und Folgen, insbesondere über eventuell notwendige weitere Untersuchungen nach der Entnahme, die durchzuführenden analytischen Tests und Folgen anomaler Befunde, den therapeutischen Zweck des entnommenen Organs, den potenziellen Nutzen für den Empfänger, die zu erwartenden Erfolgsaussichten und über Maßnahmen zum Spenderschutz aufgeklärt werden. Bei der Aufklärung ist auch auf die Notwendigkeit regelmäßiger medizinischer Nachkontrollen zum Spenderschutz hinzuweisen. Im Hinblick auf den Sonderfall eines doch gravierenden ausschließlich fremdnützigen Eingriffs muss die Aufklärung sowohl in Form von schriftlichem Aufklärungsmaterial als auch mündlich gegeben werden und ein Verzicht hierauf ist unzulässig.

Keine
Lebendspenden
bei Minderjährigen

Die Entnahme setzt **Geschäftsfähigkeit** und die Einwilligung nach der Aufklärung zu Entnahme und Testung sowie zur weiteren Verwendung des Organs voraus. Die Einwilligung muss in **schriftlicher** Form festgehalten und vom Spender datiert und unterschrieben werden. Sofern der Spender zur Unterschriftsleistung nicht in der Lage ist, muss die Einwilligung vor **drei Zeugen** abgegeben werden, die weder am Eingriff selbst beteiligt sind noch ein persönliches Interesse an der Organspende haben und die Einwilligung durch ihre Unterschrift bestätigen müssen. Die Einwilligung kann bis zum Zeitpunkt der Entnahme jederzeit schriftlich oder mündlich widerrufen werden.

Eine Lebendspende darf nicht durchgeführt werden, wenn ein ernstes Risiko für das Leben oder die Gesundheit des Spenders besteht. Dem **Spenderschutz** dient auch die Verpflichtung, Lebendspender zumindest einmal innerhalb von drei Monaten nach der Spende einer Nachkontrolle in der jeweiligen Entnahmeeinheit zu unterziehen. Danach sollen Lebendspender durch die Entnahmeeinheit in regelmäßigen Abständen – die Frequenz wird sich nach dem Stand der medizinischen Wissenschaft bestimmen – im Sinn eines Recall-Systems schriftlich daran erinnert werden, dass eine fachärztliche Nachkontrolle zum Spenderschutz angezeigt ist.

Jeder Mensch darf selbst darüber entscheiden, was einmal mit seinem Leichnam geschehen soll. (Nur soweit ein erkennbarer Wille des Verstorbenen nicht vorliegt oder undurchführbar ist, haben die nächsten Angehörigen des Verstorbenen ohne Rücksicht auf ihre Erbenstellung das Recht, über den Leichnam zu bestimmen.) Insbesondere die **letztwillige Verfügung** über den eigenen Leichnam oder die Überlassung des Leichnams durch den Verstorbenen selbst zu seinen Lebzeiten an ein anatomisches Institut **(Forschung)** ist zulässig und wirksam. Beim „Vermächtnis zur Körperspende" handelt es sich um die Ausübung eines mit der letztwilligen Verfügung vergleichbaren höchstpersönlichen Rechts. Für die Verfügung vor dem Tod der betreffenden Person ist allein deren rechtsgeschäftlicher Wille maßgebend, bei dessen Erklärung eine Vertretung nicht in Betracht kommt. Der OGH verneint daher die Möglichkeit der vertretungsweisen Verfügung über den Leichnam durch einen Sachwalter.

Verfügung über Leichnam ist höchstpersönliches Recht

Spezielle Patientenrechte

Auch im Krankenhaus sind Sie als Patient Vertragspartner und nicht unmündiger Schutzbefohlener. Neben damit aus dem Behandlungsvertrag erwachsenden Pflichten (wie z.B. Bekanntgabe von Vorerkrankungen im Rahmen der Anamnese) haben Sie zahlreiche Rechte. Diese reichen von der rücksichtsvollen Behandlung über Diskretion und Aufklärung bis zur Einsicht in die Krankengeschichte.

Ein Patient im Krankenhaus befindet sich in einer Ausnahmesituation. Der Gesetzgeber hat diese besonders schützenswerte Position des Patienten gestärkt, indem er dem Rechtsträger einer Krankenanstalt die Pflicht auferlegt, auf seine Mitarbeiter einzuwirken, dass der Kranke möglichst **schonungsvoll** behandelt wird. Dabei ist aber nicht nur die rücksichtsvolle medizinische Behandlung gemeint, sondern schlichtweg jede Begegnung mit dem Patienten, sei es durch den Portier, den Aufnahme- und Entlassungsdienst oder durch Ärzte und Pflegepersonen.

Unstimmigkeiten gibt es immer wieder, was die Dauer eines stationären Aufenthaltes anlangt. Häufig sind sich Arzt und Patient über den Zeitpunkt der Krankenhausentlassung uneinig. Der Patient ist – abgesehen von Ausnahmefällen wie Unterbringung (▶ Seite 166 ff) oder Quarantäne – berechtigt, seine **vorzeitige Entlassung** aus dem Krankenhaus zu verlangen. Dieses Recht steht ihm selbst dann zu, wenn dies unsinnig oder schädlich erscheint – vorausgesetzt, er ist im Vollbesitz seiner geistigen Kräfte. Die Ärzte haben ihn zwar über die nachteiligen Folgen und Risiken der vorzeitigen Entlassung adäquat aufzuklären, daran hindern können sie ihn aber nicht.

Wollen Sie früher nach Hause, als es Ihnen Ihr Arzt rät, müssen Sie meist auf einem Formular **(Revers)** unterschreiben, dass Sie auf eigene Gefahr und gegen ärztlichen Rat das Krankenhaus verlassen. Bevor Sie unterschreiben, sollten Sie aber darauf bestehen, dass der Arzt dort festhält, weshalb er Ihre Entlassung noch nicht befürwortet. Lassen Sie sich anschließend eine Kopie dieses Formulars aushändigen. Kommt es nach

Vorzeitige Entlassung auf eigene Gefahr

Kein zwangsweiser Aufenthalt

Herr Peter S., 87 Jahre, kommt mit nicht sofort definierbaren Beschwerden in eine Krankenhausambulanz. Da die Ärzte sich über seinen Zustand Klarheit verschaffen wollen, empfehlen sie eine stationäre Aufnahme. Herr S. verweigert dies ohne nähere Begründung und unterschreibt eine entsprechende Dokumentation. Auf dem Weg nach Hause verstirbt er an einem Herzinfarkt. Da die Ärzte keine rechtliche Möglichkeit hatten, den Patienten zwangsweise anzuhalten, haben sie korrekt gehandelt.

Entscheidungsfreiheit

Bei der Entlassung eines Patienten ist neben dem Entlassungsschein unverzüglich ein Arztbrief auszufertigen. Dieser hat die für eine allfällige weitere medizinische Betreuung maßgebenden Angaben und Empfehlungen zu enthalten. Nur der Patient und sonst niemand hat darüber zu entscheiden, ob der Arztbrief ihm, dem einweisenden oder dem weiterbehandelnden Arzt zu übermitteln ist.

Ihrer frühzeitigen Entlassung zu Problemen, darf das Spital Sie trotzdem nicht abweisen. Es haftet dann allerdings auch nicht für die in der Zwischenzeit möglicherweise entstandenen Schäden.

Übrigens: Der verschlossene Arztbrief, den man Ihnen bei der Krankenhausentlassung in die Hand drückt, sollte eigentlich der Vergangenheit angehören. Mancherorts wird immer noch so verfahren. Ihr Patientenrecht auf **Dokumenteneinsicht** erstreckt sich aber auch auf diese Mitteilung an den Weiterbehandler.

Recht auf Beschwerde

Jeder Patient kann sich über Ereignisse oder Verhaltensweisen von Spitalsangestellten beschweren. Beispielsweise ist das Du-Wort keinesfalls akzeptabel. Allerdings sind auch dem Beschwerderecht Grenzen gesetzt. Selbst bei einer evidenten Fehlbehandlung darf der Patient nicht einen Arzt oder gar das ganze Krankenhaus rufschädigend verfolgen.

Beschwerde nicht gleichbedeutend mit Rufschädigung

Zu unterscheiden sind Konflikte bzw. Beschwerden aus dem **zwischenmenschlichen** Bereich und solche aus dem fachlich-medizinischen Bereich. Insbesondere bei Problemen im zwischenmenschlichen Kontakt ist zu empfehlen, Beschwerden zuerst **direkt** an den behandelnden Arzt zu richten. Wenn dies keine befriedigende Lösung ergibt, stehen vorgesetzte Stellen, Patientenanwaltschaften, Ärztekammern, Arbeiterkammern etc. zur Verfügung.

Bei **medizinisch-fachlichen** Fehlern bedarf es der Hilfe von Spezialisten, um etwaige Fehler zu erkennen und auch nachweisen zu können, dass ein medizinischer Behandlungsfehler vorliegt. Als betroffener Patient können Sie die Hilfe von Rechtsanwälten (eventuell auch über

Verfahrenshilfe) und Gerichten in Anspruch nehmen bzw. auf dem Wege der außergerichtlichen Prüfung die Hilfe der Patientenanwaltschaft oder der Schiedsstellen der Ärztekammern.

Recht auf Einsicht in die Krankengeschichte

Die Krankengeschichte enthält alle wesentlichen (und daher auch viele **sensible**) Daten eines Patienten. Generell unterliegen alle diese Daten der **Verschwiegenheitspflicht,** sofern nicht aufgrund besonderer Umstände eine Weitergabe (an die Polizei oder den Sozialversicherungsträger) gesetzlich erlaubt ist. Eine Verwendung von Gesundheitsdaten für die Verwaltung von Gesundheitsdiensten ist zulässig, wenn die Verwendung solcher Daten durch ärztliches Personal oder sonstige Personen erfolgt, die einer entsprechenden Geheimhaltungspflicht unterliegen.

> Krankengeschichte enthält sensible Daten

Das Recht auf Einsichtnahme und – gegen Entgelt – Ausfolgung der Krankengeschichte hat insbesondere der Patient selbst, sofern dadurch sein **Wohl** während des stationären Aufenthaltes nicht gefährdet wird. Bereits abgeschlossene Krankengeschichten stehen Ihnen als Patient uneingeschränkt zur Einsichtnahme offen. Grundsätzlich kein Recht auf Information haben dagegen **Angehörige.**

Sterbehilfe und Sterbebegleitung

Der Tod ist und bleibt ein Tabu. Zumindest in der westlichen Zivilisation. Er trennt das Vertraute vom Unbekannten, das Leben vom Nichts. Wenn das Leiden übermächtig wird – haben dann Ärzte, die engsten Verwandten, der Leidende selbst das Recht, über das Lebensende zu entscheiden? Die Diskussion über Euthanasie gestaltet sich deswegen so schwierig, weil unweigerlich Assoziationen zur grausamen Praxis der Nationalsozialisten entstehen. In den Niederlanden wird aktive Sterbehilfe seit Beginn der 1980er-Jahre praktiziert. Viele Kritiker halten die Praxis der Holländer für ein missglücktes und gefährliches Experiment. In Belgien wurde im Jahr 2014 Sterbehilfe für Kinder (unter bestimmten Bedingungen) legalisiert.

Österreich kennt drei Tatbestände: Tötung auf Verlangen ist die **aktive Sterbehilfe,** also beispielsweise die Giftspritze auf Verlangen des Patienten. Darauf steht eine **Freiheitsstrafe** von sechs Monaten bis fünf Jahren. Ebenso geahndet wird die **Beihilfe zum Selbstmord,** also die indirekte Sterbehilfe. Schwieriger ist die Rechtslage bei der Aushändigung eines todbringenden Giftes durch den Arzt. Der Patient könnte für seinen geplanten Selbstmord vorbauen. Die Aushändigung wäre ein „Versuch der Beihilfe zum Selbstmord" – für sich genommen ist das nicht strafbar. Wenn der Patient das Gift eingenommen hat, wird daraus Beihilfe zum Selbstmord, und das ist strafbar.

Passive Sterbehilfe

Was in Österreich zulässig ist, das ist die **Sterbebegleitung.** Als passive Sterbehilfe und damit **straffrei** wird das Sterbenlassen eines todkranken oder dahinsiechenden Patienten durch Verzicht auf lebensverlängernde Maßnahmen (z.B. Abschalten von Maschinen) angesehen. Der Patient wird außerdem schmerzfrei gehalten (z.B. Morphium).

Obduktion

Eine Obduktion bedeutet die Öffnung eines Leichnams. Sie ist die letzte ärztliche Untersuchung am Menschen und dient in erster Linie zur Feststellung der **Todesursache.** Sie wird je nach Obduktionsart von Pathologen oder von Gerichtsmedizinern durchgeführt. Die Obduktion gleicht im Wesentlichen einem chirurgischen Eingriff. Die Anordnung zur Obduktion wird unterschiedlich häufig erteilt, je nachdem, ob die Person in einer öffentlichen Krankenanstalt oder zu Hause verstorben ist.

In der Praxis werden im Krankenhaus Verstorbene meist dann obduziert, wenn eine diagnostische oder therapeutische **Unklarheit** besteht und durch die Obduktion eine Aufklärung über Grunderkrankung, Todesursache, Therapieerfolg oder -versagen erwartet wird. In diesem Sinne dienen Obduktionen auch der Qualitätssicherung der medizinischen Diagnostik und Therapie. Es gibt drei unterschiedliche Obduktionsformen:

- klinische Obduktion (in Krankenanstalten)
- sanitätspolizeiliche/-behördliche Obduktion
- gerichtliche Obduktion

Pflicht zur Obduktion

In allgemeinen **öffentlichen Krankenanstalten** besteht zur Wahrung öffentlicher oder wissenschaftlicher Interessen – im Speziellen bei diagnostischer Unklarheit des Falles oder wegen eines vorgenommenen operativen Eingriffes – **Obduktionspflicht**. Es gibt dabei keine Verpflichtung, eine Erlaubnis der Angehörigen einzuholen. Liegt keiner der angeführten Gründe vor und wurde einer Obduktion nicht schon zu Lebzeiten zugestimmt, so muss die Zustimmung der Angehörigen eingeholt werden.

In privaten Krankenanstalten muss generell die Zustimmung der Angehörigen eingeholt werden, außer wenn die Obduktion sanitätsbehördlich oder gerichtlich angeordnet wurde. Bei sanitätsbehördlichen und gerichtlichen Obduktionen ist grundsätzlich keine Zustimmung der Angehörigen vorgesehen.

Obduktionspflicht hängt von Todesumständen ab

Obduktion abgelehnt

Kann eine Obduktion verweigert werden? Das hängt von den Todesumständen und vom Ort des Todes ab. Eine behördlich angeordnete Obduktion kann grundsätzlich nicht verweigert werden. Im Bereich der allgemeinen öffentlichen Krankenanstalten wird aber oft von einer Obduktion Abstand genommen, wenn die Todesursache relativ klar ist und ein ausdrücklicher Wunsch der Angehörigen besteht. In privaten Krankenanstalten müssen die Angehörigen im Falle einer Obduktion um Erlaubnis gefragt werden – außer, der Verstorbene hat zu Lebzeiten einer Obduktion zugestimmt bzw. die Obduktion wurde behördlich verfügt.

Die Pflichten des Arztes

Vor einer Therapie muss der Patient aufgeklärt werden –
je weniger dringlich eine Behandlung ist, desto ausführlicher.
Bei Kindern entscheiden die Eltern, ob sie einem ärztlichen
Eingriff zustimmen.

Sorgfaltspflichten, Beachtung des medizinischen Qualitätsstandards

Ihr Arzt ist verpflichtet, Sie nach dem aktuellen Stand des medizinischen Wissens – und zwar dem der Schulmedizin – zu behandeln. Auch müssen seine technischen Geräte tadellos funktionieren und regelmäßig gewartet werden. Er muss auch in der Lage sein, diese richtig zu bedienen. Es wird angedacht, zumindest die Ärzte in Krankenhäusern regelmäßig einer entsprechenden Prüfung zu unterziehen, ob sie auf dem letzten Stand der Wissenschaft sind und adäquat behandeln.

Grundrecht auf Behandlung

Das **Recht auf Gesundheitsfürsorge** und **gleichen Zugang** zu **Behandlung und Pflege** ist vom jeweiligen Gesundheitssystem und von der Verteilung der Gesundheitsdienstleistungen abhängig. Das **Grundrecht auf Behandlung** auf Basis des höchsten erreichbaren Standards, wie es die WHO vorschreibt, scheint vor dem Hintergrund der gut funktionierenden medizinischen Versorgung in unserem Land kein wesentliches Konfliktthema zu sein. Schwierigkeiten ergeben sich in der Praxis beispielsweise bei überlangen Wartezeiten auf Operationen oder Transplantationen.

Eine **gemeinnützige Krankenanstalt** hat jeden Patienten nach Maßgabe der Anstaltseinrichtungen aufzunehmen, die Patienten so lange in der Krankenanstalt unterzubringen, ärztlich zu behandeln, zu pflegen und zu verköstigen, wie es ihr Gesundheitszustand nach dem **Ermessen** des behandelnden Arztes erfordert. Für die ärztliche Behandlung und Pflege ist ausschließlich der Gesundheitszustand des Patienten maßgebend. In Krankenanstalten hat die ärztliche Betreuung grundsätzlich auf **fachärztlichem Niveau** zu erfolgen. Der ärztliche Dienst muss so eingerichtet sein, dass **ärztliche Hilfe** in der Anstalt **jederzeit** sofort erreichbar ist.

Gesundheits-
fürsorge rund
um die Uhr

Qualitätssicherung vorgeschrieben

Patienten dürfen nur nach den **Grundsätzen und anerkannten Methoden der medizinischen Wissenschaft** ärztlich behandelt werden. Zudem besteht die Verpflichtung der Krankenanstalt, eine **dauernde qualifizierte Pflege** für stationär aufgenommene Patienten sicherzustellen. Krankenanstalten sind zur Durchführung von Maßnahmen der (medizinischen) **Qualitätssicherung** verpflichtet.

Jeder Patient hat auch das Recht auf eine bestmögliche **Schmerzbehandlung.** Die moderne Medizin hat die Möglichkeit, Schmerzen ausreichend zu lindern bzw. zu verhindern. Das setzt allerdings voraus, dass Patienten ihren Schmerz auch deutlich ausdrücken, damit die Ärzte darauf reagieren können.

Dokumentationspflicht

Aufgrund der Dokumentationspflicht sind die wichtigsten diagnostischen und therapeutischen Maßnahmen, Verlaufsdaten, Zwischenfälle – insbesondere Änderungen der Diagnose und der Behandlung – aufzuzeichnen. All diese Unterlagen muss der Arzt Ihnen zur Verfügung stellen. Er ist auch dazu verpflichtet, die Dokumente sorgsam aufzubewahren **(30 Jahre)**. In diesem Fall spricht man von der Pflicht zur Befundsicherung.

Ärzte müssen Krankengeschichte 30 Jahre aufbewahren

Dokumentationspflicht und Einsichtsrecht

Ein entsprechendes Dokumentationsversäumnis oder ein Verlust der entsprechenden Unterlagen führt in einem möglichen Prozess zur **Beweislastumkehr.** Insbesondere der Verlust von EKGs oder Röntgenaufnahmen kann dazu führen, dass ein vom Patienten behaupteter Behandlungsfehler vom Gericht angenommen werden muss. Das Gericht kann nämlich in einem solchen Fall nicht mehr durch Gutachten eines Sachverständigen, dem dann das EKG oder die Röntgenaufnahmen vorgelegt würden, die gegenteilige Tatsache (Nicht-Vorliegen eines Behandlungsfehlers) feststellen. Es muss daher zugunsten des Patienten den von ihm behaupteten Behandlungsfehler als wahr annehmen. Das mit der Dokumentationspflicht einhergehende **Einsichtsrecht** des Patienten in seine Krankengeschichte bezieht sich auf alle Aufzeichnungen. Lediglich im Bereich der Psychiatrie und Psychotherapie kann es sein, dass der behandelnde Arzt Unterlagen zurückhalten darf, die den Patienten bei einer möglichen Einsicht psychisch neben seiner Krankheit derart belasten, dass mit einer Verschlechterung des Gesundheitsbildes zu rechnen ist.

Recht auf Wahrheit

Eine Patientin leidet an einem Gehirntumor, der durch seine Lage operativ nicht entfernt werden kann. Der Tumor wird mit an Sicherheit grenzender Wahrscheinlichkeit zum Tod führen. Hier hat die Patientin ein Recht auf Einsicht in ihre Unterlagen und Kenntnis ihres Gesundheitszustandes. Der Arzt ist nicht berechtigt, zu entscheiden, dass der Patientin zur Schonung die Wahrheit über ihren Gesundheitszustand verschwiegen wird.

Anders liegt der Fall bei einem stark depressiven, erheblich suizidgefährdeten jungen Mann, der sich in einer akuten Lebenskrise befindet. Bittet er um Einsicht in seine Krankenunterlagen, darf der behandelnde Arzt selektieren, welche Unterlagen er dem Patienten zumuten kann und in Kopie überlässt. Jene Aufzeichnungen, die analytisch minutiös die akute Selbstmordgefährdung dokumentieren, wird der Arzt zurückhalten dürfen, um den Todestrieb des Patienten nicht zu manifestieren oder sogar noch zu fördern.

Pflicht zur Aufbewahrung

Röntgenbilder und dergleichen sind mindestens 10 Jahre aufzubewahren; Obduktionsniederschriften 30 Jahre. Auch in Ambulanzen sind für ambulante Patienten Krankengeschichten (Ambulanzaufzeichnungen) anzulegen und mindestens 10 Jahre aufzubewahren.

Dokumentation nicht normiert

Die Aufzeichnung von Erkenntnissen, Handlungen und Entscheidungen während einer Behandlung hat im Wesentlichen zwei Hauptziele:

- die Bereitstellung aller **Informationen,** die für eine best-
möglich, umfassende medizinische und pflegerische Betreuung erforderlich sind
- die Dokumentation dient auch als **Beweismittel** in einem allfälligen Zivil- oder Strafprozess, um einen Sachverhalt richtig beurteilen zu können

Der Gesetzgeber misst der Dokumentation im Rahmen der eigenverantwortlichen Tätigkeit von Ärzten und Pflegepersonen eine zentrale Rolle zu. Die Tiefe der Dokumentation ist gesetzlich allerdings nicht geregelt. Sowohl der ärztliche als auch der pflegerische Tätigkeitsbereich ist derart **differenziert,** dass es völlig unmöglich erscheint, alles im Vorhinein zu normieren. Eine Intensivstation unterscheidet sich grundlegend von einer psychiatrischen Abteilung; klarerweise ist aber in beiden Bereichen eine adäquate Dokumentation sicherzustellen.

Umfang der Dokumentation liegt im ärztlichen Ermessen

Verschwiegenheitspflicht

Historisch betrachtet stellt die Verschwiegenheitspflicht der in Gesundheitsberufen Tätigen wohl das älteste Patientenrecht dar. So verlangte bereits vor weit mehr als 2.000 Jahren der letzte Absatz des Hippokratischen Eides von jedem diesen Eid schwörenden Arzt, Schweigen zu bewahren und alles, was dieser bei der Behandlung, aber auch außerhalb dieser erfahren hat, als heiliges Geheimnis zu betrachten. Dies aus damals wie heute gutem Grund, ist doch die Wahrung des Berufsgeheimnisses ein Grundpfeiler für das Vertrauensverhältnis zwischen Patient und Arzt bzw. auch zwischen Patient und den Angehörigen der anderen Gesundheitsberufe.

Keine Schweigepflicht

Ein **AIDS-Kranker** und dessen Freundin sind beim selben Arzt in Behandlung. Der Arzt erfährt, dass der AIDS-Kranke seiner Freundin nicht von seiner Krankheit berichtet hat. Hier muss der Arzt die Freundin aufklären.

Die Verschwiegenheit ist einerseits eine der wichtigsten Arztpflichten, andererseits steht sie in einem Spannungsverhältnis zur Informationspflicht. Zu den geschützten Geheimnissen zählt mehr, als gemeinhin bekannt ist:

Verschwiegenheitspflicht versus Informationspflicht

- ob Sie überhaupt krank sind
- ob Sie ärztliche Hilfe in Anspruch genommen haben
- Ihr Name
- Ihre persönlichen, wirtschaftlichen und sonstigen Verhältnisse
- die Untersuchungsergebnisse

Das alles unterliegt der ärztlichen Schweigepflicht. Sie können sogar verlangen, dass niemand – vor allem nicht Ihr Arbeitgeber – über einen allfälligen Krankenhausaufenthalt unterrichtet wird.

Schweigepflicht über den Tod hinaus

Kurzum: Von der ärztlichen Geheimhaltepflicht ist alles umfasst, was **Rückschlüsse** auf die dem Arzt in Ausübung seines Berufes anvertrauten oder bekannt gewordenen Geheimnisse zulässt. Das gilt auch für Belege wie z.B. Honorarnoten-Durchschriften. Die Schweigepflicht des Arztes geht zudem über den Tod des Patienten hinaus.

Arzt hat seine Schweigepflicht gegen öffentliches Interesse an Information abzuwägen

Ihr Arzt darf Informationen über Ihre Erkrankung nicht ohne Ihre Einwilligung an Ihren Arbeitgeber, Angehörige und Freunde etc. weitergeben. Eine Pflicht zur Weitergabe besteht aber dann, wenn Sie eine ansteckende Erkrankung haben und der Arzt weiß, dass Sie für andere eine Gefährdung darstellen. Mit anderen Worten hat der Arzt die Schweigepflicht zu brechen, wenn Leben und Gesundheit anderer unmittelbar und ernsthaft bedroht sind (z.B. bei Seuchen).

Die Schweigepflicht des Arztes ist auch der Grund, warum Sie in Arzthaftungsfällen den Arzt von seiner ärztlichen Schweigepflicht entbinden

Grenzen der Verschwiegenheit

Ein Arzt überschritt mit seinem Fahrzeug die zulässige Höchstgeschwindig-keit und verantwortete sich gegenüber der Polizei damit, er habe sich auf dem Weg zu einer dringenden Arztvisite befunden. Unter Hinweis auf seine Geheimhaltungspflichten verweigerte er jegliche Angaben zur Person des Erkrankten. Der Verwaltungsgerichtshof war anderer Ansicht: Im Interesse der Rechtspflege dürfen berufliche Geheimnisse offengelegt werden. Zum Nachweis eines akuten Notfalls hätte der Arzt die Identität des Patienten bekannt geben müssen. Gleiches galt für einen Arzt, der wegen Falschpar-kens ein Mandat kassierte.

müssen, damit er Ihrem Anwalt, aber auch dem Sachverständigen und dem Gericht überhaupt Auskunft geben darf. Besteht im Rahmen der Verteidigung gegen den Vorwurf eines „Kunstfehlers" die Notwendig-keit, ein allenfalls eine Fehldiagnose rechtfertigendes Gesamtbild der Krankengeschichte zu gewinnen, so kann die Vorlage der gesamten Kran-kengeschichte – sofern sie keine „peinlichen Eintragungen oder derglei-chen" enthält – zulässig sein.

Geht es um berechtigte **öffentliche Interessen,** kann der Arzt aller-dings vertrauliche Informationen (z.B. Abstammung oder Geschlechts-krankheit) preisgeben, auch wenn ihn der Patient nicht eigens von der Verschwiegenheitspflicht entbunden hat. In einem **Strafprozess** muss der Arzt Zeugnis ablegen. In anderen Verfahren darf er sich der Aussage entschlagen, sofern er nicht Sachverständiger ist.

Das Strafrecht schützt den Anspruch eines jeden auf Geheimhaltung von Fakten, die seinen Gesundheitszustand betreffen, sofern der Geheim-nisträger bestimmten Personengruppen auf dem Gebiet des Gesundheits-wesens angehört oder bei einschlägigen Versicherungen tätig ist. Der Arzt darf sich aber über das **strafrechtliche Verbot** hinwegsetzen, wenn die Offenbarung des Berufsgeheimnisses „nach Inhalt und Form durch ein berechtigtes privates Interesse gerechtfertigt ist". Ein solches Interesse liegt etwa vor, wenn Werksärzte bei Einstellungsuntersuchungen dem Dienstgeber von gesundheitlichen Umständen des Stellenbewerbers Mitteilung machen. Bemerkenswert ist auch, dass zwar Fachärzte für Psychiatrie, Psychotherapeuten und Psychologen zur Verweigerung der Aussage berechtigt sind, nicht aber andere Ärzte.

Arzt muss im Strafprozess als Zeuge aussagen

Ein Arzt, für den sich im Rahmen seiner beruflichen Tätigkeit der **Verdacht** ergibt, dass durch eine **gerichtlich strafbare Handlung** jemandes Tod oder eine schwere Körperverletzung (das heißt, eine mehr als 24-tägige Gesundheitsschädigung) herbeigeführt wurde, hat der Sicherheitsbehörde unverzüglich **Anzeige** zu erstatten. Ebenso hat er bei **sexuellem Missbrauch** von Minderjährigen vorzugehen. Wenn sich aber dabei der Verdacht gegen einen nahen Angehörigen richtet, so kann die Anzeige unterbleiben (und bloß eine Meldung an den Jugendwohlfahrtsträger erfolgen), falls das Wohl des Kindes dies erfordert. In Fällen einer vorsätzlich begangenen schweren Körperverletzung hat der Arzt seinen Patienten außerdem auf bestehende Opferschutzeinrichtungen hinzuweisen.

Aufklärungspflicht

Aufgabe der ärztlichen Aufklärung ist es, dem Patienten die für seine Entscheidung maßgebenden Fakten zu liefern und ihn in die Lage zu versetzen, die **Tragweite** seiner Zustimmung zu einem Eingriff zu überblicken. Denn Sie selbst sollen entscheiden, ob Sie sich nach gründlicher Abwägung aller Faktoren einer Heilbehandlung bzw. einem operativen Eingriff unterziehen wollen. So hat beispielsweise die Aufklärung über die Gefahren einer Narkose grundsätzlich bereits stattzufinden, bevor alle Vorbereitungen für die Narkose getroffen sind und der Narkosearzt bereitsteht.

Ohne Aufklärung keine Selbstbestimmung

Durch die Aufklärungsverpflichtung des Arztes sollen Sie vor den mit der Behandlung verbundenen Risiken **gewarnt** werden, um beurteilen zu können, ob Sie sich behandeln lassen wollen. Wenn sich dieses Risiko dann tatsächlich verwirklicht, obwohl bei der Behandlung selbst kein Fehler unterlaufen ist, haftet Ihr Arzt nicht.

Der Arzt muss den Patienten, um ihm eine selbstbestimmte Entscheidung zu ermöglichen, über mehrere zur Wahl stehende adäquate diagnos-

Aufklärung: wie und worüber?

Grundsätzlich hat jeder Patient das Recht, über seinen Gesundheitszustand Auskunft zu erhalten. Ihr Arzt ist verpflichtet, Ihnen die Ergebnisse
eines Befundes wahrheitsgetreu mitzuteilen (**Diagnoseaufklärung**). Ebenso muss Ihr Arzt Ihnen in groben Zügen die Art der Behandlung und ihre
Durchführung (**Verlaufsaufklärung**) samt Risiken und Nebenwirkungen,
wie z.B. eingeschränkte Fahrtauglichkeit (**Risikoaufklärung**), in einer für
den medizinischen Laien **verständlichen** Form beschreiben. Die tatsächlich
bestehenden Risiken dürfen nicht verharmlost werden. Auch wenn sich der
Patient in einer Ausnahmesituation befindet, ist eine ärztliche Aufklärung
nicht zwecklos.

tische oder therapeutische Verfahren informieren und das Für und Wider
mit ihm abwägen, wenn jeweils unterschiedliche Risiken entstehen können
und der Patient eine **echte Wahlmöglichkeit** hat. Eine solche Verpflichtung besteht gerade bei einem Unterschied im Risiko, den Folgen, vor
allem aber in der Erfolgssicherheit und der Schmerzbelastung. Gleiches
gilt, wenn bei einer alternativen Operationsmethode ein kosmetisch besseres Ergebnis in einem für den Patienten erkennbar nicht unwichtigen
Teilbereich erwartet werden kann. Ist eine Spezialbehandlung angezeigt,
die in der betreffenden Klinik nicht durchgeführt werden kann, ist eine
Weiterverweisung des Patienten oder jedenfalls der Hinweis im Aufklärungsgespräch auf entsprechende Kliniken erforderlich.

> Über gleichwertige Alternativen hat der Arzt seinen Patienten aufzuklären

Wer sich beispielsweise vor einer Operation nicht zusätzlich beunru-
higen möchte, kann auf eine Aufklärung auch **verzichten.** (Dann können
Sie allerdings bei einem etwaigen Haftungsprozess nicht geltend machen,
Sie seien nicht aufgeklärt worden.) Genauso steht es Ihnen frei, ohne
Begründung eine Ihnen vom Arzt dringend ans Herz gelegte Behandlung
zu verweigern. Nur kann dies unter Umständen **finanzielle Folgen** nach
sich ziehen: Bricht ein Patient eine mit guten Erfolgsaussichten bereits begonnene Behandlung unbegründet vorzeitig ab, kann die Krankenkasse die
Krankengeldzahlung nach vorheriger schriftlicher Androhung einstellen.
Löst ein Privatpatient vorzeitig das Vertragsverhältnis, kann der Arzt dennoch
sein gesamtes Honorar – abzüglich dessen, was er sich durch das Unterbleiben der Behandlung an Aufwand gespart hat oder durch andere zwi-
schenzeitlich vorgenommene Behandlungen erwirtschaften konnte – fordern.

Wie umfassend muss aufgeklärt werden?

Ausdrückliche **Fragen** hat der Arzt stets wahrheitsgetreu zu beantworten. Auf die Frage „Was habe ich denn?" genügt nicht die zeitsparende Antwort „Arthrose" und das Zücken des Rezeptblocks. Wie viel an Aufklärung der Patient für seine Entscheidungsfindung benötigt, muss der Arzt in jedem Fall gesondert beurteilen.

Eine Aufklärung des Patienten über die Anzahl der vom Arzt bisher nach einer bestimmten Methode ausgeführten **Operationen** (z.B. laparoskopische Dickdarmresektion, die für sich keine Neulandmedizin darstellt) ist nicht erforderlich, wenn der Arzt die vorgesehene Operation nach den Regeln der ärztlichen Ausbildung und jenen über die Ausübung der ärztlichen Kunst ausführen darf. Fragt der Patient jedoch von sich aus konkret nach der Vorerfahrung des operierenden Arztes, erfordert dies eine wahrheitsgemäße Antwort.

Die ärztliche Aufklärungspflicht reicht umso weiter, je weniger der Eingriff aus der Sicht eines vernünftigen Patienten **vordringlich** oder gar **geboten** ist. Hier ist die ärztliche Aufklärungspflicht im Einzelfall selbst dann zu bejahen, wenn erhebliche nachteilige Folgen wenig wahrscheinlich sind. Selbst auf die Möglichkeit äußerst seltener Zwischenfälle ist dann hinzuweisen, auch auf das allgemeine mit dem Eingriff verbundene Risiko wie die Gefahr von Thrombosen, Embolien und dergleichen.

Je weniger dringend die Operation, desto eingehender die Aufklärung

Klärt der Arzt über die Konsequenzen (z.B.) bei Nichtbefolgung einer Krankenhaus-Einweisung auf, so ist dies aus der Sicht eines **durchschnittlich sorgfältigen Patienten** ausreichend, um die Notwendigkeit einer raschen Spitalsbehandlung zu erkennen. So ist beispielsweise der konkrete Hinweis auf drohende Schäden, insbesondere auch für das ungeborene Kind („Blutungen, Krämpfe, Auswirkungen auf das Kind") ausreichend eindringlich, um einer werdenden Mutter vor Augen zu führen, welche ernsten Folgen es hat, wenn sie es unterlässt, unverzüglich ein Krankenhaus aufzusuchen. Ein ausdrücklicher Hinweis auf eine „lebensbedrohende Situation" ist nicht erforderlich.

Wird einem Patienten eine Operation (z.B. Entfernung von **Neuromen**) als **Chance,** aber zugleich auch als Notwendigkeit dargestellt, um eine Besserung seines Zustands (z.B. Schmerzlinderung) zu erzielen, so kann eine Verletzung der Aufklärungspflicht darin bestehen, dass **nur** darauf

Aufklärungszeitpunkt

Die Entscheidung für oder gegen eine Heilbehandlung muss in Ruhe und ohne Druck möglich sein. Eine Aufklärung erst im Rahmen der Operationsvorbereitungen oder gar auf dem Weg in den Operationssaal gilt als zu spät.

hingewiesen wird, dass es „allenfalls auch zu einer Verschlechterung" kommen könne. Birgt das Entfernen von Neuromen „immer" das **Risiko bleibender Schmerzen** in sich, stellt das Fehlen jeglicher Information über konkrete mögliche Folgen eines Scheiterns der Operation sowie über die Größenordnung eines solchen Risikos eine Verletzung der Aufklärungspflicht dar. Wäre die Aufklärung des Patienten über die Folgen eines Eingriffes aus besonderen Gründen – etwa wegen dessen **psychischer Verfassung** – kontraindiziert, hat der Arzt vor der Vornahme des Eingriffes auch noch zu erwägen, ob dieser zu unterlassen ist. Und zwar besonders dann, wenn der Eingriff nicht dringend geboten ist.

Typische Risiken

Die ärztliche Aufklärungspflicht ist aber beim Vorliegen sogenannter typischer Gefahren verschärft. Auf **typische Risiken** einer Operation ist jedenfalls unabhängig von der prozentmäßigen statistischen Wahrscheinlichkeit hinzuweisen, also auch bei einer allfälligen Seltenheit ihres Eintrittes (selbst bei einer Wahrscheinlichkeit unter einem Promille!).

Über typische Risiken ist immer aufzuklären

Verhältnismäßigkeit

Zu einem lebensrettenden Eingriff, der auffällige **Operationsnarben** hinterlässt, bedarf es keiner ausführlichen Aufkläung. Hingegen müssen dem Patienten die bleibenden Spuren einer Operation bei einer leichten Sportverletzung oder einer kosmetischen Korrektur ganz genau erläutert werden. Bei Verabreichung eines **Medikaments,** das unter Umständen den Menstruationszyklus beeinflusst, muss die Patientin dagegen nur aufgeklärt werden, wenn sie darauf hinweist, dass sie „natürliche Empfängnisverhütung" praktiziert.

Beispiele: So hat das Gericht entschieden

- Eine Nervus-ulnaris-Läsion ist – wegen dem Nahebereich des Nervs zum OP-Gebiet – ein typisches Risiko einer Ellbogenrevision, auch wenn das Risiko (bis zur Operation) unbekannt gewesen war und die statistische Wahrscheinlichkeit dieser Nervenverletzung fast bei null liegt.
- Auch das Risiko der Darmperforation bei einer Darmspiegelung sah der OGH trotz der geringen Inzidenz von 0,32 Prozent als typisch an.
- Bei einer Risikodichte von 0,5 Prozent bis 1 Prozent der Schädigung des Nervus lingualis bei Extraktion eines Weisheitszahns ließ der OGH die Frage der Typizität offen, weil für die Extraktion kein konkreter Anlass bestand und damit bereits erhöhtes Aufklärungserfordernis angenommen wurde.
- Eine schwere Nachblutung nach einer Nasenseptum-Operation wurde vom OGH als typisches Risiko der Operation angesehen (Inzidenz 2,6 Prozent).
- Die Ruptur der Gefäßwand der Halswirbelsäulenschlagader nach einem chiropraktischen Eingriff an der HWS wurde als typisches Behandlungsrisiko angesehen, der Einwand, dass die Komplikationsrate weniger als 0,05 Promille(!) beträgt, als nicht relevant.
- Als typisches Operationsrisiko wurde auch die Nervenläsion nach einer Lymphknotenexstirpation (vollständige Entfernung der Lymphknoten) angesehen, wobei der OGH aus der Häufigkeit der Risikoverwirklichung auf dessen Typizität schloss!
- Als typisches Risiko wurde ferner die Ösophagus-Vorderwandperforation bei einer Magenoperation beurteilt. Die erste Instanz hatte die Typizität des Risikos verneint, folgend dem medizinischen Sachverständigen, der auf die Komplikationshäufigkeit bei der Beurteilung der Frage abgestellt hatte. Der OGH führte dazu aus, dass die Typizität des Risikos eine Rechtsfrage ist, sodass das Berufungsgericht berechtigt war, ohne Beweiswiederholung eine andere rechtliche Beurteilung diesbezüglich vorzunehmen.
- Die Peronäuslähmung nach einer Varizenoperation wurde vom OGH als typisches Risiko und damit als aufklärungsbedürftig angesehen.

OGH entscheidet immer im Einzelfall, ob ein typisches Risiko verwirklicht wurde

- Als typisch sah der OGH auch die Durchtrennung des Ductus choledochus (Kanal zur Ableitung der Galle in den Zwölffingerdarm) mit anschließender Verschlussgelbsucht nach Cholezystektomie (Entfernung der Gallenblase) an, trotz einer Inzidenz von nur 0,25 Prozent.
- Tetanien (Krampfanfälle) nach einer Struma-Operation (Kropfoperation) sind für den OGH typisch, trotz eines Risikos von nur 0,8 Prozent bis 1,4 Prozent.
- In einer Entscheidung stellte der OGH die allgemeinen Risiken einer Blutabnahme den speziellen der Plasma-Spende gegenüber und führte aus, dass für den Fall, dass (nach damaligem Wissensstand) bei Plasma-Spenden eine über das allgemeine Hygienerisiko bei Blutabnahmen hinausgehende Gefahr nicht anzunehmen gewesen wäre, auch die Verletzung einer Aufklärungspflicht (mangels Typizität) verneint werden müsste.
- Gleichlautend der Tenor, dass die Infektion nach einer Brückner-Plastik nach Riss des vorderen Kreuzbands kein typisches, sondern ein generelles (allgemeines) Infektionsrisiko ist, das jeder Operation, jedem chirurgischen Eingriff anhaftet und damit nicht aufklärungsbedürftig ist.
- Hingegen wurde ein durch Sauerstoffunterversorgung bedingtes Apallisches Syndrom nach einer Herzoperation als typisches Risiko beurteilt. Der OGH argumentierte mit dem Erfordernis der Einschaltung einer Herz-Lungen-Maschine.
- Wundheilstörungen und Infektionen nach einem chirurgischen Eingriff sind als allgemeine Behandlungsrisiken anzusehen, sohin auch beispielsweise für eine Bandscheibenoperation nicht „typisch". Eine Discitis (Bandscheibenentzündung) nach Discektomie L4/L5 kann zwar insofern als „spezielles Risiko" dieser Operation angesehen werden, als dieses Risiko z.B. kaum einer Sprunggelenksoperation anhaftet. Allgemein ist das Risiko jedoch andererseits insofern, als es sich nicht nur bei einer Discektomie L4/L5 verwirklichen kann, sondern grundsätzlich bei jeder Wirbelsäulenoperation.

Dabei werden von der Judikatur positive und negative Definitionsmerk-male verwendet. Demnach ergibt sich die Charakteristik des Risikos (Typizität) nicht aus der Komplikationshäufigkeit, sondern daraus, dass das Risiko speziell dem geplanten Eingriff anhaftet und auch bei Anwendung allergrößter Sorgfalt und fehlerfreier Durchführung nicht sicher zu vermeiden ist und den nicht informierten Patienten überrascht, weil er nicht damit rechnet.

Es ist auch auf seltene, wenig wahrscheinliche – aber gravierende – Zwischenfälle hinzuweisen. Über Risiken, die nur im Fall einer **körperlichen Anomalie** eintreten (wobei diese Anomalie weder präoperativ noch während der Operation rechtzeitig erkannt werden kann), ist aufzuklären, wenn die Operation nicht dringend geboten ist.

Stellt eine **Implantatlockerung** ein typisches Risiko einer Bandscheibenoperation dar, das bei Bestehen einer **Osteoporose** erhöht ist, reicht der bloß allgemeine Hinweis auf ein typisches Operationsrisiko nicht aus. Vielmehr ist der Patient ausgehend von seiner **konkreten** Situation über das für ihn typische Risiko der Operation aufzuklären.

Die ärztliche Aufklärungspflicht umfasst auch einen Hinweis auf adäquate prophylaktische Behandlungsschritte (z.B. Zahnfixation mittels Spange) zur Vermeidung oder zumindest größtmöglichen Hintanhaltung an sich typischer Operationsrisiken (z.B. **Zahnverlustrisiko**).

Tritt während einer medizinisch indizierten Operation (z.B. **Rektopexie-Operation**) eine typische Komplikation (z.B. **Gefäßverletzung,** deren Wahrscheinlichkeit nur bei 0,05 Prozent bis 0,1 Prozent liegt) auf, die einen **Reparatureingriff** (z.B. Gefäßoperation) im Rahmen desselben

Ausnahmen

Bei medizinischen Behandlungen oder Eingriffen (z.B. **Mumps-, Masern- und Rötel-Impfung**), die zwar nicht im engsten Sinn des Worts dringlich sind, aber doch im Regelfall zu deutlichen gesundheitlichen Vorteilen (z.B. Impfschutz) gegenüber einer Unterlassung der Maßnahme führen, ist nicht auf jede nur denkbare nachteilige Konsequenz (z.B. **Erkrankungsrisiko** akute Immunthrombozytopenie Purpura von 0,000075 und 0,000135 Prozent bei 2. MMR-Impfung) hinzuweisen.

Eingriffs notwendig macht, und verwirklicht sich im Zuge dessen ein typisches Risiko (z.B. **Nervverletzung,** die die Zeugungsunfähigkeit zur Folge hat), so stellt dies **kein typisches Risiko** der (Rektopexie-)Operation dar, über das der Patient aufzuklären gewesen wäre. Wollte man nicht nur die Aufklärung über typische Risiken einer Operation verlangen, sondern jeweils auch Hinweise auf **typische Komplikationen** bei Verwirklichung solcher Risiken fordern, würde dies die Aufklärungspflicht in unvertretbarer Weise ausdehnen.

Typische Risiken von Operationen umfassen auch Komplikationen

Die Risiken einer im Zusammenhang mit einer Operation notwendig gewordenen Bluttransfusion zählen zu den Operationsrisiken insgesamt. Über das typische Risiko einer **Bluttransfusion** ist daher aufzuklären; ebenso besteht die Aufklärungspflicht (auch) bei **Blutplasmaspenden.** Die Ärztehaftung bei Fehlen jeglicher Aufklärung ist auch dann zu bejahen, wenn nach dem Wissensstand zur fraglichen Zeit dem Eingriff in die körperliche Integrität auch nur irgendein typisches Risiko (etwa das einer **Hepatitis-B-Infektion**) angehaftet hat, selbst wenn damals noch nicht über dieses Risiko (im genannten Beispiel: das **Hepatitis-Risiko**) hätte aufgeklärt werden müssen.

Über Risiken, die nach dem ärztlichen Stand der Wissenschaft nicht vorhersehbar sind, also **atypische,** außergewöhnliche Heilungsverläufe und mögliche schicksalhafte Krankheitsfolgen, muss nicht aufgeklärt werden. War etwa das geringe Risiko (1 Prozent) einer langfristig anhaltenden Inkontinenz als Folge einer Operation im Jahr 2002 in der ärztlichen Fachliteratur noch nicht bekannt, so musste auch der Patient über die Möglichkeit einer dauernden Inkontinenz (z.B. langfristig anhal-

Beispiel

Nach der Operation einer Patientin (Sigmaresektion) in **Lloyd-Davies-Lagerung** trat bei der Patientin ein **Kompartmentsyndrom** in beiden Beinen auf. Der OGH bejahte die Typizität und führte dazu aus, dass die Typizität nicht etwa deshalb ausgeschlossen wäre, weil diese Art der Lagerung auch bei anderen Operationen verwendet wird. Die Typizität ist auch nicht deshalb ausgeschlossen, weil die Komplikation an einem anderen Körperteil (Beine) auftrat als an jenem, an dem die Operation durchgeführt wurde (Bauch).

tende Inkontinenz nach einer Hämorrhoidenoperation) nicht aufgeklärt werden.

Ist das typische Risiko einer **Prostatabestrahlung** die Vernarbung der Harnblase und ein damit allenfalls verbundenes Operationserfordernis, so besteht in der Unterlassung der Aufklärung über eine dadurch mögliche irreparable Schädigung der Harnblase keine Pflichtverletzung, wenn es sich hierbei um eine **ganz außergewöhnliche** und nicht typische Folge der Strahlentherapie handelt.

Aufklärung durch Skizze nicht ausreichend

Hier ein konkreter Fall: Einem Senior wurde vor seiner Prostataoperation im Rahmen eines Aufklärungsgespräches die Art der Operation anhand einer Skizze erklärt. Auf die Frage, welche Risiken bei dieser Operation bestünden, wurde er darauf hingewiesen, dass es 1:100.000 stehe, dass man zu nahe an die Blasenwand komme und dann die Operation abgebrochen werde. Dabei wurde ihm vermittelt, dass es sich um eine alltägliche, mit geringem Risiko verbundene Operation handle. Der Patient las sich daraufhin das Formular betreffend die ärztliche Aufklärung nicht mehr durch.

Bei der Operation kam es unter anderem zu einer Schädigung des Schließmuskels, wodurch er inkontinent wurde, sowie zu verschiedenen anderen Komplikationen. Die Häufigkeit der Verletzung des Schließmuskelapparates liegt bei 2 bis 5 Prozent. Wäre der Patient über die Folgen insbesondere einer Schließmuskelverletzung aufgeklärt worden, hätte er dem Eingriff nicht zugestimmt. Eine absolute Dringlichkeit für die Operation bestand nicht.

Alle drei Instanzen bejahten die Haftung des Operateurs wegen Verletzung der ärztlichen Aufklärungspflicht: Wird die vom Patienten klar gestellte Frage nach den Risiken vom Arzt **verharmlosend** beantwortet, so ist nicht ersichtlich, warum ihm trotz dieser Antwort des Arztes, aus einer Skizze zur „Art" der Operation, dieses Risiko hätte bewusst sein müssen. Wird im Aufklärungsgespräch nicht nur auf das wesentliche Risiko der **Verletzung des Schließmuskels** bei der Prostataoperation nicht hingewiesen, sondern der Eindruck der völligen Ungefährlichkeit des Eingriffes bei ihm erweckt, obwohl eine absolute Dringlichkeit der Operation nicht bestand, so ist eine Haftung zu bejahen.

Um Schwangeren eine sachgerechte Entscheidung über die Art der Abklärung bzw. Feststellung einer **Trisomie 21** (Down Syndrom) und einen allfälligen, gesetzlich zulässigen Schwangerschaftsabbruch zu ermöglichen, schuldet ein Arzt eine umfassende, neutrale Beratung über hierfür geeignete Untersuchungsmethoden samt Vor- und Nachteilen. Eine Beratung ist **tendenziös** und **suggestiv,** wenn ein Arzt trotz besonderer Ängste der Eltern, ein behindertes Kind zu bekommen, auf die Frage der Frau nach einer **Fruchtwasseruntersuchung** mit der Versicherung reagiert, dass alles in bester Ordnung sei, ohne sie zu informieren, dass bei den von ihm bisher durchgeführten Untersuchungen eine Unsicherheit von 25 Prozent verbleibt, und die Frau ohne Hinweis auf das Fehlgeburtsrisiko von 1 Prozent fragt, ob sie Gefahr laufen wolle, durch eine Fruchtwasseruntersuchung ein gesundes Kind zu verlieren (was diese verneinte).

Die Sorgfaltspflicht eines Arztes geht bei einer nicht dringenden Behandlung besonders weit: Die Aufklärung über mögliche **Allergien** bei **Kronen** auf Nichtedelmetallbasis etwa umfasst auch die Aufklärung über ein in der **Zahnmedizin** ebenfalls „durchaus bekanntes" – wenngleich noch selteneres – Risiko einer Allergie bei Kronen auf Edelmetallbasis samt Folgen einer „Goldallergie" und die Möglichkeit eines Allergietests.

Vor der nicht dringend notwendigen Extraktion eines bloß „entfernungswürdigen" **Weisheitszahns,** muss auch über das äußerst seltene Risiko einer Stammneuritis (Entzündung des Nervs der Unterkieferzahnfächer) aufgeklärt werden. Nur wenn Schäden in äußerst seltenen Fällen eintreten und anzunehmen ist, dass der Hinweis auf eine äußerst unwahrscheinliche Schädigung für den Entschluss des Patienten, in die Operation einzuwilligen, nicht ernsthaft ins Gewicht fällt, ist eine Aufklärung über solche möglichen schädlichen Folgen nicht erforderlich. Gleiches gilt, wenn etwa eine **Nierenverletzung** als Folge eines bestimmten operativen Eingriffs extrem selten ist und diese kein dieser Operation speziell anhaftendes Risiko darstellt – es handelt sich somit um keine typische Komplikation und der Patient muss daher auch nicht darüber aufgeklärt werden.

Aufklärungspflichten von Zahnärzten

Je weniger dringend, umso mehr Aufklärung

Ist ein Eingriff zwar medizinisch empfohlen, aber nicht eilig, so ist grundsätzlich eine umfangreiche Aufklärung notwendig. Zur Erfüllung der ärztlichen Aufklärungspflicht genügt es nicht, im bürokratischen Weg (z.B. Merkblätter) eine Zustimmungserklärung zum operativen Eingriff einzuholen. Vielmehr kann das unmittelbare persönliche ärztliche Aufklärungsgespräch durch nichts ersetzt werden. Eine vom Kranken aufgrund **unrichtiger** oder **unvollständiger Belehrung** durch den Arzt erteilte Einwilligung ist übrigens unwirksam.

Richtig ist, dass bei Eingriffen, die nicht der Heilung oder der Rettung des Patienten, sondern „nur" der **Diagnose** dienen, strenge Anforderungen an das Ausmaß der Aufklärung zu stellen sind. Der Aufklärungsumfang richtet sich also nach **Dringlichkeit** bzw. **Lebensnotwendigkeit** des Eingriffs. Die sichere Diagnose vor einem vermuteten dringlichen Eingriff ist nicht weniger dringlich als der Eingriff selbst. Der konkrete Umfang der Aufklärungspflicht ist – gleichgültig ob Diagnose oder Operation – stets abhängig von den Umständen des Einzelfalls.

Besonders strenge Anforderungen an die Aufklärung werden wie bereits erwähnt bei medizinisch nicht zwingend notwendigen Eingriffen (z.B. **Augenoperation** mittels Laser zur Korrektur der Weitsichtigkeit) gestellt. Die Information, dass dieser Eingriff (z.B. LASIK-Methode) nach dem maßgeblichen Meinungsstand nur bis zu einem Höchstwert von +4 Dioptrien der Weitsichtigkeit sinnvoll ist, kann entscheidend sein. Dann nämlich, wenn ansonsten die Komplikationsraten zu hoch sind und der Patient z.B. eine Weitsichtigkeit von über +6 Dioptrien hat. In diesem Fall ist diese Information eine wesentliche Grundlage für die Entscheidung, ob der Patient weiterhin mit Brille oder Kontaktlinsen leben möchte oder sich auf eine Operation mit dem Risiko der Verschlechterung der Sehkraft einlässt.

Bei Fehlen eines Aufklärungsgespräches tritt (daher) eine **umfassende Haftung** für die negativen Behandlungsfolgen ein – auch wenn im Nachhinein weiter Zweifel bestehen, ob über das besonders seltene Risiko, das sich im konkreten Fall verwirklicht hatte, überhaupt Aufklärung erforderlich gewesen wäre.

Selbst auf die Möglichkeit äußerst **seltener Zwischenfälle** ist dann im Aufklärungsgespräch hinzuweisen, auch auf das allgemeine mit dem Eingriff verbundene Risiko. Es kommt nicht darauf an, wie häufig die möglichen Komplikationen auftreten, sondern darauf, wie schwer sie sind. Denn das ist für den Patienten ein wesentliches Entscheidungskriterium.

Nur bei einer dringenden Operation, die für den Patienten vitale Bedeutung hat, ist die Aufklärungspflicht des Arztes nicht zu überspannen.

Ausnahmen von der Aufklärungspflicht

Eine Aufklärung kann unterbleiben, wenn der Arzt aufgrund der Vorgeschichte und der beruflichen Ausbildung des Patienten annehmen darf, dass dieser bereits über die nötigen Kenntnisse betreffend sein Leiden, die Behandlungsmöglichkeiten und deren Folgen verfügt. Wesentlich ist, dass der Patient diese Kenntnisse wirklich besitzt. Der Behandler ist verpflichtet, sich im Gespräch mit dem Patienten ein Bild über dessen konkrete Aufklärungsbedürfnisse zu verschaffen. Eine Verletzung seiner diesbezüglichen Kontroll- oder Erkundigungspflicht macht den Arzt aber nur bei einem faktischen **Informationsdefizit** des Patienten und bei Verwirklichung des eingetretenen, aufklärungsbedürftigen Risikos haftbar.

So darf der Arzt etwa von einer **„mutmaßlichen Einwilligung"** ausgehen, wenn er die Zustimmung des Patienten nicht ohne Gefahr für dessen Leben oder das Risiko einer schweren Gesundheitsbeeinträchtigung rechtzeitig einholen kann (z.B. bewusstloser, schwer verletzter Patient).

Ergibt sich beispielsweise im Verlauf einer Operation am voll narkotisierten Patienten eine nicht vorhersehbare Änderung der Operation, kann der Eingriff ausnahmsweise auf der Grundlage einer mutmaßlichen Einwilligung des Patienten durchgeführt werden, die darauf beruht, wie sich ein Patient bei objektiver Bewertung der Situation entschieden hätte. Die freie Selbstbestimmung des Patienten wiegt umso schwerer, je größer die zusätzlichen Risiken des eigenmächtig erweiterten Eingriffs und je gravierender die Auswirkungen auf den Patienten sind. Der Arzt hat zwischen Selbstbestimmung und Dringlichkeit der Eingriffsindikation sowie Bedeutung der Folgen einer Unterlassung des weiteren Eingriffs einschließlich der Zumutbarkeit einer Unterbrechung der Anästhesie abzuwägen. Im Zweifel wiegt das Selbstbestimmungsrecht des Patienten höher: Bringen sowohl Abbruch als auch Fortsetzung der Operation Gefahren mit sich, die gleich schwer wiegen, muss die Einwilligung **nachgeholt** werden. Gleiches gilt, wenn zur Operationserweiterung alternativ die Möglichkeit besteht, den Therapieerfolg auf andere Weise zu erreichen.

Die ärztliche Aufklärung hat so **rechtzeitig** zu erfolgen, dass dem Patienten eine angemessene **Überlegungsfrist** bleibt, deren Dauer von

Hypothetischer Patientenwille bei Bewusstlosen

den Umständen des Einzelfalls abhängt. Wird ein Patient einen Monat vor der Operation über die Therapiemöglichkeiten bei Hüftgelenksbeschwerden aufgeklärt, entscheidet sich dieser zwei Tage später für die Operation und erfolgt am Vortag der Operation eine mündliche Aufklärung, unterstützt durch einen ausgehändigten Aufklärungsbogen, wo unter anderem auch auf sehr seltene Nervenverletzungen hingewiesen wird, so ist die dem Patienten zugestandene Zeit zwischen Aufklärung und Operation als ausreichend anzusehen, zumal er die Möglichkeit hat, „eine Nacht darüber zu schlafen".

Ist ein Patient bei einer unabdingbaren **OP-Vorbereitung** nicht anwesend (z.B. für fünf Stunden am Aufnahmetag, wobei die OP für den nächsten Tag geplant ist) und für das Krankenhauspersonal trotz intensiver Versuche nicht erreichbar, kann dem Krankenhausträger nicht vorgeworfen werden, wenn die OP ohne vorhergehende Visite, ohne ausführliche Aufklärung und ohne erforderliche Anzeichnung des OP-Bereichs vorgenommen wird. Der im abgeschlossenen Behandlungsvertrag enthaltene Hinweis, dass die Pflicht besteht, den Patienten über die möglichen Gefahren und schädlichen Folgen der Behandlung zu unterrichten, reicht aus.

Wird ein auf die Operation „intern vorbereiteter", wenn auch noch nicht sedierter Patient **zwei Stunden vor dem Eingriff erstmals** über die konkrete Operationsmethode im Vergleich zu alternativen Behandlungsmethoden sowie über bestimmte Risiken des weder als extrem dringlich noch als „minimal invasiv" zu wertenden Eingriffs aufgeklärt, so ist dies als **zu spät** einzustufen.

Der Zeitpunkt eines ersten Informationsgesprächs ca. **7 Monate** vor der Operation steht einer wirksamen Aufklärung nicht entgegen, wenn noch vor der Operation im Krankenhaus eine **neuerliche** Aufklärung – wenn auch nicht durch den Operateur selbst – erfolgt, die die Grundlagen für die Einwilligung „auffrischt". Gerade bei nicht dringlichen Eingriffen muss die Aufklärung grundsätzlich ja so **zeitgerecht** erfolgen, dass der Patient seine Entscheidung in Ruhe und ohne Druck treffen kann. Immer muss eine adäquate Überlegungsfrist eingeräumt werden, damit er die für und die gegen eine Operation sprechenden Argumente ausreichend abwägen und sich gegebenenfalls mit Angehörigen beraten oder einen Vertrauensarzt konsultieren kann. Die (erste) Aufklärung des Patienten

Aufklärung muss zeitnah zur Operation erfolgen

ist also grundsätzlich dann vorzunehmen, wenn der Arzt zum operativen Eingriff rät und einen festen Operationstermin vereinbart.

Bei nicht unmittelbar medizinisch indizierten „Wahleingriffen" (z.B. **Eileiterunterbindung**) hat die ärztliche Aufklärung so frühzeitig zu erfolgen, dass dem Patienten eine angemessene Überlegungsfrist bleibt, um das Für und Wider der Operation abzuwägen und sich mit den Angehörigen zu besprechen. Dies gilt umso mehr bei schwerwiegenden Eingriffen. Erhält etwa die Patientin vier Wochen vor dem oben als Beispiel erwähnten Eingriff die Information, dass dieser zu einer nicht leicht oder gar nicht mehr behebbaren **Sterilität** führt, und beharrt sie in der Folge im Rahmen des Aufklärungsgesprächs unmittelbar vor der Operation – trotz ausdrücklichen nochmaligen Hinweises – auf ihrem Wunsch, die Operation gemeinsam mit einem **Kaiserschnitt** durchzuführen, so besteht noch keine Verletzung der Aufklärungspflicht.

Kriterien der Grundaufklärung

Insbesondere ein **ängstlicher Patient** soll nicht durch die Aufklärung über selten verwirklichte Operationsrisiken beunruhigt und dazu veranlasst werden, eine dringliche Operation nicht vornehmen zu lassen. Doch auch für ängstliche, aber keineswegs der Vernunft beraubte Personen gilt bei nicht dringlichen Operationen, dass sie selbst die Abwägung vornehmen sollen, ob sie trotz des statistisch unwahrscheinlichen Risikos nachteiliger Folgen die geplante Operation vornehmen lassen oder aber mit den bisherigen Beschwerden weiterleben möchten.

Ist der Eingriff nicht dringlich, muss der Patient auch auf allenfalls bestehende **alternative Behandlungsmethoden** hingewiesen werden. Dabei sind Vorteile und Nachteile, verschiedene Risiken, eine unterschiedliche Intensität des Eingriffes, differierende Folgen, Schmerzbelastungen und Erfolgsaussichten vom Arzt gegeneinander abzuwägen. Im „Großen und Ganzen" gilt als gebotene Grundaufklärung:

- Je leichter die Krankheit, aber je schwerwiegender die Behandlungsfolgen bzw. je unsicherer der Erfolg, umso eingehender müssen Sie informiert werden.

Ängstliche Patienten sollten nicht unnötig beunruhigt werden

- Je dringlicher jedoch die Behandlung in akuten Fällen, umso knapper kann die Aufklärung gehalten werden.
- Je häufiger unerwünschte Folgen auftreten oder je gefährlicher sie selbst bei seltenem Auftreten sind, umso ausführlicher müssen Sie darüber unterrichtet werden.
- Routinemäßige, nach dem Stand der Wissenschaft risikolose Behandlungen erfordern kaum Aufklärung. Auf die typischen Risiken einer Behandlung, mögen sie auch noch so selten sein, ist auf alle Fälle hinzuweisen.
- Besonders vor Operationen verteilen Ärzte gerne Merkblätter mit Hinweisen auf mögliche Komplikationen. Diese ersetzen keinesfalls ein persönliches und ausführliches Gespräch mit Ihrem Arzt.

Wie definiert sich eine alternative Behandlungsmethode?

Nur über die üblichen Alternativen ist aufzuklären

Von einer aufklärungspflichtigen „Alternative" kann nur dann gesprochen werden, wenn diese im Großen und Ganzen gleichwertig ist und es sich daher um „mehrere zur Wahl stehende diagnostisch oder therapeutisch adäquate Verfahren" handelt. Der Arzt ist hingegen nicht verpflichtet, dem Patienten stets alle theoretisch in Betracht kommenden Behandlungsmöglichkeiten darzulegen, z.B. wenn diese nur **geringe Erfolgsaussichten** haben (Blutegel) oder im konkreten Fall gar **nicht indiziert** sind (Kaiserschnittentbindung).

Der OGH verneint eine Aufklärungspflicht über **veraltete,** nicht mehr den anerkannten Regeln der medizinischen Wissenschaft entsprechende Methoden. Ebenso wenig gibt es ein Recht auf die Anwendung einer vom Patienten in Erfahrung gebrachten alternativen Behandlungsmethode, die von den behandelnden Ärzten als nicht zielführend erachtet wird. Ist jedoch eine Operationsmethode keine voll ausgereifte und nicht durch **Langzeitbeobachtungen** überprüfte und damit **abgesicherte** Methode, so ist darüber aufzuklären.

Bestehen für einen konkreten Behandlungsfall **mehrere** medizinisch gleichermaßen indizierte und übliche Behandlungsmethoden, die **gleichwertig** sind, aber **unterschiedliche Risiken** und Erfolgschancen haben, ist eine Aufklärung über Behandlungsalternativen erforderlich. Entspricht eine Behandlungsmethode (z.B. Verwendung einer **Iris-Print-Kontaktlinse**) zum Beratungszeitpunkt nicht mehr den anerkannten Regeln der ärztlichen Kunst, sondern gelangt diese nur mehr als Außenseitermethode zur Anwendung, ist diese Behandlungsalternative zur angewandten Methode (z.B. operatives Einsetzen einer **Implantat-Linse**) nicht gleichwertig, sodass diesbezüglich auch keine Aufklärungspflicht vorliegt.

Die Konkretisierung und Bestimmung der Behandlungsmöglichkeiten erfolgt im Rahmen eines mit einem **Krankenhausträger** abgeschlossenen (Krankenhausaufnahme- und) Behandlungsvertrags durch die aktuell beratenden und behandelnden Spitalsärzte. Die Spezialisten eines bestimmten Gebiets können nach ihrem Wissen und ihrer Erfahrung die Durchführung einer bestimmten Behandlungsmethode als nicht erfolgversprechend ablehnen. Liegt darin innerhalb des Rahmens des medizinischen Kalküls keine Verkennung der Sachlage, ergibt sich daraus keine weitere Pflicht des Krankenhausträgers. Insbesondere muss dieser nicht entgegen dieser Expertise so lange weitere – gegebenenfalls externe – Ärzte hinzuzuziehen, bis die Durchführung einer vom Patienten in Erfahrung gebrachten alternativen Behandlungsmethode befürwortet wird. Die Pflicht des Krankenhausträgers geht nicht so weit, dass er eine vom Patienten gewünschte Behandlungsmethode auch entgegen der im Rahmen des medizinischen Kalküls liegenden hauseigenen ärztlichen Einschätzung anzuwenden hätte.

Selbstverständlich gibt es aber auch Fragen, auf welche der Arzt mitunter nicht sofort eine oder gar **keine Antwort** geben kann. Das kann etwa sein, wenn er Untersuchungsergebnisse oder die Wirkung eines Medikaments abwarten muss. Letztlich gibt es nicht auf alle medizinischen Fragen eine Antwort, die der Arzt verantworten kann. In solchen Fällen spricht es nur für seine Aufrichtigkeit und Gewissenhaftigkeit, wenn er sagt, dass er eine Frage nicht zu beantworten vermag. Jeder Arzt ist dazu verpflichtet, seinen Patienten reinen Wein einzuschenken – sprich: sie nach bestem Wissen und Gewissen zu beraten und zu behandeln.

> Keinen Erfolg versprechende Behandlungsmethoden kann der Arzt ablehnen

Wen trifft die Pflicht, aufzuklären?

Jener Arzt, der die konkrete Behandlung eigenverantwortlich durchführt, ist aufklärungspflichtig. Die gesetzliche Aufklärungspflicht gilt (vornehmlich) als ärztliche Aufgabe. Die Delegierung an nichtärztliches medizinisches Personal (Krankenschwester) wird grundsätzlich abgelehnt; die Delegierung an ärztliches Personal ist aber möglich. Ärzte dürfen sich nicht auf „medizinische Grundkenntnisse der Bevölkerung" stützen.

Wirken **mehrere Ärzte** im Rahmen der Untersuchung bzw. Behandlung eigenverantwortlich mit, so schuldet nicht jeder Arzt eine umfassende Aufklärung über die gesamten Risiken, sondern ihn trifft lediglich die Verpflichtung, über die mit seiner Behandlung verbundenen Risiken aufzuklären; das heißt, es erfolgt eine **stufenweise** Aufklärung durch die jeweiligen Spezialisten.

Bei mangelnder Aufklärung haftet der Arzt

Ist der Arzt seiner Aufklärungspflicht nicht genügend nachgekommen und hat sich beim Patienten ein Risiko verwirklicht, über das er hätte aufgeklärt werden müssen, wird der Arzt dafür haftbar, ohne dass es dazu noch des Nachweises des Vorliegens eines Behandlungsfehlers und von dessen Kausalität für die beim Patienten eingetretenen Körperschäden bedürfte.

Für den Fall der Verletzung der Aufklärungspflicht trifft den Arzt bzw. den für das Fehlverhalten seiner Ärzte haftenden Krankenanstaltsträger die **Beweislast** dafür, ob der Patient, die Eltern eines minderjährigen Patienten oder das Pflegschaftsgericht auch bei ausreichender Aufklärung die Zustimmung zur Operation erteilt hätten.

Um die Rechtswidrigkeit eines Eingriffes zu widerlegen, hat der Arzt sein Verhalten zu rechtfertigen. Rechtfertigen heißt, er muss beweisen, dass sein Verhalten rechtmäßig war. Wenn der Mediziner gegen die Aufklärungspflicht verstoßen hat, wird es für ihn schwierig. Schließlich ist im Nachhinein ungewiss, ob bzw. wie der Patient reagiert hätte, wäre er entsprechend aufgeklärt worden. Dieser heiklen Situation kann der Arzt entgehen, wenn er nachweist, dass die Verletzung der Aufklärungspflicht mit dem eingetretenen Schaden nichts zu tun hat. Mit anderen Worten:

Keine Frage der Komplikationsdichte

Der Oberste Gerichtshof hat etwa die Verletzung der ärztlichen Aufklärungspflicht bei einer nicht zwingend notwendigen Operation über ein dreiprozentiges Risiko von **Lähmungserscheinungen** bejaht. Auch über ein Infektionsrisiko von 3,5 bis 5 % ist eine Aufklärung erforderlich. Aber: Grundsätzlich entscheidet über die Aufklärungsbedürftigkeit weniger der Grad der Komplikationsdichte. Entscheidend ist vielmehr die Frage, ob diese seltene Möglichkeit für den **Willensentschluss** des Patienten ernsthaft ins Gewicht fällt.

Der Arzt haftet dann nicht, wenn ihm der Nachweis gelingt, dass der Schaden sowieso – das heißt mit und ohne Aufklärung – eingetreten wäre. Dieser Beweis obliegt aber dem Arzt.

Um Aufklärung geht es auch bei der Auswahl des Arztes. Wenn Sie erklären, Sie wollen sich nur von einem bestimmten Arzt operieren lassen, darf ein anderer Arzt ohne Ihre ausdrückliche Einwilligung **den Eingriff nicht vornehmen.** Wird Ihrem Wunsch nicht entsprochen und geht bei der Operation etwas schief, so muss der Krankenhausträger beweisen, dass der Schaden auch bei einer Operation durch den von Ihnen gewünschten Operateur eingetreten wäre.

Aufklärung auch bei Arztwahl

Können Sie sich als Patient den Operateur nicht aussuchen, so müssen Sie auch nicht über die Person des Arztes aufgeklärt werden.

Einwilligung des Patienten

Ärztliche Eingriffe – egal ob simple Blutabnahme oder weitreichende Operation – dürfen nur mit **Zustimmung** des Patienten vorgenommen werden. Unter besonderen Umständen sind aber Ausnahmen von diesem Grundsatz anzuerkennen. Im Falle eines ohne Zustimmung vorgenommenen Eingriffes haftet der Arzt auch für den zufällig bei sachgemäß vorgenommenem Eingriff eingetretenen Schaden. Außer die Behandlung ist, wie bereits erwähnt, so dringend notwendig, dass der mit der Einholung der Zustimmung verbundene Aufschub das Leben des Patienten gefährden würde oder mit der Gefahr einer schweren Schädigung seiner Gesundheit verbunden wäre.

Es gibt auch die Möglichkeit, dass die Einwilligung einer Person, die infolge einer **psychischen Krankheit** oder geistigen Behinderung nicht in der Lage ist, die Notwendigkeit der Vornahme einer Operation und die Bedeutung ihrer Verweigerung frei zu beurteilen, durch die Bestellung eines (einstweiligen) **Sachwalters** substituiert werden kann.

Einen Sonderfall stellt die **Operationsausdehnung** dar. Ob über den vereinbarten Eingriff hinaus eine weitere oder überhaupt eine andere chirurgische Maßnahme zulässig ist, hängt vom Einzelfall ab. Maßgebend sind hier die Dringlichkeit des Eingriffes und die Risiken einer Operationsunterbrechung. Ist ein sofortiger Eingriff erforderlich, um die Gefahr einer schweren Schädigung der Gesundheit zu bannen, darf der Arzt von einer mutmaßlichen Zustimmung des Patienten zur Operationsausdehnung ausgehen. Andernfalls muss der Arzt die Operation unterbrechen, um erneut die Zustimmung des Patienten einzuholen. Dies freilich nur dann, wenn die Unterbrechung selbst nicht weitere gefährlichere Komplikationen hervorrufen könnte.

Mutmaßliche Einwilligung bei Operationserweiterung

Hätte ein Patient der durchgeführten Erweiterung (z.B. **Knorpelglättung**) einer Operation (z.B. Sanierung des **Meniskus**) jedenfalls zugestimmt (weil er die alternativen Behandlungsmethoden ablehnte), so darf der Arzt die Operation auf der Grundlage einer mutmaßlichen Einwilligung fortsetzen. Bei einem Patienten sind zwei **Unterleibsoperationen** – eine davon nicht dringend – indiziert. Er wollte diese wegen postoperativer Probleme bei vorangegangenen Operationen gemeinsam durchgeführt haben. Dies war aber nicht möglich, sodass nur der dringlichere der Eingriffe ins Auge gefasst wurde. In diesen hat er eingewilligt. Der Operateur kann in einem solchen Fall von der mutmaßlichen Einwilligung in den zweiten Eingriff ausgehen, wenn sich während der Operation überraschend zeigt, dass der vorgesehene Eingriff nicht notwendig ist.

Zustimmung der Eltern

Ein 16 Jahre alter Patient ist nach der Rechtsprechung schon in einem urteilsfähigen Alter und kann sein Recht auf Erteilung der Einwilligung zur an ihm vorgesehenen Operation unter Umständen schon selbst ausüben. Bei einem schweren Eingriff (etwa Operation am Herz) müssen aber auch die sorgeberechtigten Eltern zustimmen.

Einwilligung der Eltern bei Kindern

Das Gesetz schreibt die Einholung einer von Willensmängeln **freien** Zustimmung des Patienten bzw. seines gesetzlichen Vertreters für jeden der Heilbehandlung dienenden operativen Eingriff vor. Umso mehr bedarf es der Zustimmung der gesetzlichen Vertreter, wenn an einem **Kleinkind** außergewöhnliche, nicht der Heilbehandlung, sondern der Gewinnung wissenschaftlicher Erkenntnisse zur allfälligen Verbesserung der Behandlungsmethoden dienende Untersuchungen und Eingriffe vorgenommen werden sollen.

Jugendliche zwischen 14 und 18 Jahren dürfen nur dann alleine entscheiden, wenn es sich um eine „leichte" Behandlung handelt. Darunter ist eine Maßnahme mit einer folgenden **Gesundheitsbeeinträchtigung** von weniger als 24 Tagen zu verstehen; also etwa eine risikoarme Mandeloperation. Vor einer „schweren" Behandlung (wenn also eine Gesundheitsbeeinträchtigung von mehr als 24 Tagen zu erwarten ist) ist zusätzlich die Zustimmung der Eltern oder Erziehungsberechtigten einzuholen.

Auch Jugendliche unter 14 Jahren dürfen bei „leichten" Behandlungen alleine entscheiden. Dies aber nur dann, wenn der Jugendliche

Jugendliche dürfen eigenständig über leichte Behandlungen entscheiden

Streitfall Tattoos

Das Entfernen von **Tätowierungen** ist ein medizinischer Eingriff. Er darf nicht durchgeführt werden, wenn z.B. ein Sechzehnjähriger seine Tätowierungen behalten will, während seine Eltern sie an einer Hautklinik entfernen lassen wollen.

die Bedeutung der medizinischen Behandlung und die Situation, vor der er steht, einschätzen kann. Die Beurteilung der Entscheidungsfähigkeit des Jugendlichen obliegt dem betreuenden Arzt und nicht den Eltern. Bei einer **Schutzimpfung** gilt Folgendes:

Sonderfall Schutzimpfung

- Für den Bereich in Österreich empfohlener Schutzimpfungen betreffend unmündige Minderjährige ist mangels deren Einsichts- und Urteilsfähigkeit die Zustimmung zu einer Behandlung einzig und allein von den Eltern des Kindes erforderlich. Die Zustimmung/Weigerung des einsichts- und urteilsunfähigen Kindes zur Behandlung hat keine rechtliche Relevanz und ist für die Vornahme bzw. Unterlassung der jeweiligen medizinischen Maßnahme daher unbeachtlich.
- Soweit der Fall vorläge, dass der gesetzliche Vertreter in Angelegenheiten der Pflege und Erziehung z.B. die Durchführung diverser Impfungen (die im Mutter-Kind-Pass vorgeschrieben sind) überzeugungsbedingt ablehnt, bestünde vonseiten des Arztes allerdings die Möglichkeit, das Pflegschaftsgericht anzurufen, sofern der Arzt der Meinung ist, dass die Vornahme der Behandlung oder Maßnahme im konkreten Fall notwendig ist.
- Einsichts- und urteilsfähige Personen – also in der Regel über 14-Jährige – können die Zustimmung bzw. Verweigerung zur Vornahme einer Schutzimpfung nur selbst erteilen. Die Weigerung der Eltern bzw. des gesetzlichen Vertreters in Angelegenheiten der Pflege und Erziehung ist damit unbeachtlich, soweit eine rechtlich wirksame Einwilligung des einsichts- und urteilsfähigen Kindes vorliegt. Ohne das Selbstbestimmungsrecht des Minderjährigen beschränken zu wollen, könnte aber eine Information (dass der Minderjährige z.B. ohne Wissen der Eltern Impfungen hat durchführen lassen) an die Eltern sinnvoll sein.
- In **Akutfällen** kann manchmal wegen der Dringlichkeit der medizinischen Maßnahme nicht auf eine Zustimmung des gesetzlichen Vertreters gewartet werden. In solchen Fällen sind die notwendigen medizinischen Maßnahmen (zum Wohl des Kindes) ohne Zustimmung des gesetzlichen Vertreters durchzuführen. Eine Information und Verständigung der Eltern ist selbstverständlich unverzüglich vorzunehmen.

Elektronische Gesundheitsakte

Die elektronische Gesundheitsakte ELGA ist ein Informationssystem, das allen Gesundheitsdiensteanbietern (z.B. Spitälern, Ärzten) sowie den Bürgern den orts- und zeitunabhängigen Zugang zu Gesundheitsdaten ermöglicht. Die Idee hinter ELGA ist, im Fall einer medizinischen Behandlung – und nur in diesem Zusammenhang – den behandelnden Gesundheitseinrichtungen die notwendigen Vorinformationen bereitzustellen und diesen Zugriff auch den Patienten selbst zu ermöglichen. Durch ELGA erhält der behandelnde Gesundheitsdiensteanbieter **Vorbefunde, Entlassungsberichte** und die **aktuelle Medikation** seiner Patienten als unterstützende Entscheidungsgrundlage für die weitere Diagnostik und Therapie. Auf sonstige Aufzeichnungen oder Dokumentationen in der Ordinations- oder Spitalssoftware oder sonstige Daten, die nicht Inhalt eines Befundes sind, ist kein Zugriff möglich (Adresse ▶ Seite 189).

Wie funktioniert ELGA?

Wenn sich ein Patient zu einer Behandlung oder Betreuung bei einer berechtigten Gesundheitseinrichtung (z.B. mittels e-card) anmeldet und der Verwendung von ELGA nicht widersprochen hat (wird unabhängig von der Feststellung des Versicherungsanspruchs geprüft), dann werden entsprechend den Zugriffsregelungen die mittels ELGA abrufbaren Gesundheitsdaten verfügbar. Das ELGA-Bürger-Portal (Zugangsportal), die Widerspruchsstellen und die Ombudsstelle wurden bis 31.12.2013 eingerichtet. Ab 2015 werden dann Gesundheitsdiensteanbieter – beginnend mit den öffentlichen Krankenanstalten – verpflichtend mit ELGA arbeiten. Widersprüche gegen die Teilnahme an ELGA (generelles **Opt-out**) sind bei Widerspruchstellen schriftlich oder elektronisch auszusprechen. Sie haben auch die Möglichkeit, unerwünschte Dokumente (z.B. Befunde) einzeln **auszublenden.** Damit werden sie für die Gesundheitsdiensteanbieter unsichtbar.

Anmeldung bei ELGA via e-card

Wie lange haben Berechtigte Zugriff auf meine Daten?

Ärzte, Krankenanstalten und Pflegeeinrichtungen haben 28 Tage Zugriff auf die Daten, danach erlischt die Zugriffsberechtigung und wird erst bei erneutem Nachweis des Behandlungsverhältnisses, z.B. durch Stecken der e-card beim Arzt im Zuge eines erneuten Arztbesuches, wieder aktiv. Der Zeitraum von 28 Tagen ist für den Abruf weiterer Informationen zum konkreten Behandlungsfall gedacht, z.B. wenn nach einem Krankenhausaufenthalt noch Befunde ausständig sind. Apotheken werden nur zwei Stunden auf die Medikationsdaten Zugriff haben. Bürger können jedoch für Gesundheitsdiensteanbieter ihres Vertrauens und mit deren Zustimmung die genannten Zugriffsfristen auf bis zu ein Jahr verlängern.

ELGA und Datenschutz

Da ELGA ein elektronisches organisationsübergreifendes System zum Erhalt von Gesundheitsdaten ist, kommt der Wahrung des Datenschutzes zentrale Bedeutung zu. Die Regelung des Opt-out, wonach grundsätzlich von einer Teilnahme an ELGA auszugehen ist, verbunden mit der jederzeitigen Möglichkeit, der Teilnahme generell, temporär bzw. im Einzelfall oder auch nur hinsichtlich einzelner Daten zu widersprechen, ist daher datenschutzrechtlich abgesichert:

- Möglichkeit des **Widerspruchs** und Betrieb einer ELGA-Ombuds-stelle für die Sicherstellung der Rechte der ELGA-Teilnehmer
- umfassende **Informationspflichten**
- strenge **Verwendungsverbote** für bestimmte Personen und Institutionen wie Arbeitgeber, Versicherungsunternehmen, Träger der gesetzlichen Sozialversicherung, Behörden, Gerichte
- **Ausschluss** von „staatsnahen" Ärzten wie Amtsärzten, Schulärzten, Arbeitsmedizinern
- grundsätzlicher Ausschluss bestimmter Gesundheitsdaten

Pflicht von Ärzten und anderen Gesundheitsdiensteanbietern zur Teilnahme

Es besteht eine **Speicherpflicht** von bestimmten ELGA-Gesundheitsdaten; das Wirksamwerden dieser Pflicht erfolgt abgestuft ab 1.1.2015. Insoweit sind Gesundheitsdiensteanbieter zur Speicherung der ELGA-Gesundheitsdaten verpflichtet. Hingegen ist eine Pflicht von Ärzten und anderen Gesundheitsdiensteanbietern, im Behandlungsfall auf allfällige in ELGA zur Verfügung stehende ELGA-Gesundheitsdaten auch zuzugreifen (zu ermitteln), nicht vorgesehen. Die **Berufspflichten** (etwa nach dem Ärzterecht) zur Wahrung des Patientenwohls oder von Teilnehmerrechten können aber die Verwendung gebieten.

ELGA schafft kein neues Haftungsrecht. Die unberechtigte Verwendung von ELGA-Gesundheitsdaten ist aber **strafbar.** Während ELGA-Gesundheitsdiensteanbieter und Mitarbeiter der ELGA-Ombudsstelle einer Strafbarkeit nur bei Vorsatz unterliegen, ist bei Begehung der Tat durch Bedienstete des Gesundheitsministeriums Vorsatz keine Voraussetzung für die Strafbarkeit; Fahrlässigkeit reicht somit aus.

Das widerrechtliche Verlangen der Offenbarung (Einsichtnahme oder Verwertung) von Geheimnissen des Gesundheitszustands in der Absicht, den Erwerb oder das berufliche Fortkommen der betroffenen oder einer anderen Person für den Fall der Weigerung zu schädigen oder zu gefährden, ist strafbar. Es handelt sich nicht um ein Privatanklagedelikt.

Ärztliche Nachforschungspflichten und ELGA

Muss der Arzt in die elektronische Gesundheitsakte Einsicht nehmen? Der Arzt muss zwar aktiv die notwendigen Informationen beschaffen, wie er das tut, ist aber grundsätzlich seine Sache. Primäre Quelle ist das Gespräch mit dem Patienten, weil ja erst dieses das ärztliche Pflichtenprogramm näher absteckt. Allerdings ist im Zusammenhang mit der Einführung von ELGA zu bedenken, dass die Beschaffung von zusätzlichen, allein durch das Gespräch nicht zu ermittelnden Informationen – Befunde, Medikationsdaten usw. – durch ELGA nun einfacher ist. Da die Pflicht zur Informationsbeschaffung auch von der **Zumutbarkeit** der Suche abhängt, führt ELGA insofern sehr wohl zu einer Qualitätssteigerung im Gesundheitssektor: Was vor ELGA vielleicht sehr aufwendig und damit nicht geschuldet war, kann mit ELGA durchaus Teil des Pflichtenprogramms sein.

ELGA erleichtert dem Arzt die Informationsbeschaffung

Kann sich der Arzt auf die Aussagen seines Patienten verlassen? Grundsätzlich kann sich der Arzt auf die Patientenaussagen verlassen

– außer, für ihn muss erkennbar sein, dass die Informationen eventuell nicht stimmen (etwa, weil der Patient nicht die nötige Sachkunde hat oder weil seine Auskünfte nicht stimmig wirken). In diesem Fall muss er ELGA konsultieren.

Es lässt sich aber auch die umgekehrte Frage stellen:

Kann sich der Arzt auf die elektronische Gesundheitsakte verlassen? Für die Antwort ist zu differenzieren. Der Arzt kann sich selbstverständlich auf die **Richtigkeit** der Angaben in der ELGA verlassen. Anders sieht es allerdings mit Blick auf die **Vollständigkeit** der dort enthaltenen Daten aus. Das Ausblenden und Löschen von Daten darf den ELGA-Gesundheitsdiensteanbietern zu keiner Zeit ersichtlich sein. Der Arzt hat in einem derartigen Fall also eine unvollständige Gesundheitsakte, ohne dass er auf diesen Umstand aufmerksam gemacht wird.

ELGA-Daten sind richtig, aber nicht unbedingt vollständig

Weitere Rechte des Patienten

Jeder Patient hat das Recht auf Einsicht in seine Kranken-geschichte. Aber auch darauf, dass seine medizinische Behandlung sorgfältig und umfassend dokumentiert wird. Das betrifft nicht nur ärztliche, sondern auch pflegerische Maßnahmen.

Patientencharta

Patientenrechte wurden in Österreich erstmals im Jahre 1993 im Kranken-anstaltengesetz eingeführt. Patientenrechte sind weiters in zahlreichen Gesetzen verschiedener Gesundheitsberufe (Ärzte, Hebammen, Kranken-pfleger etc.) als Berufspflichten sowie in den verschiedensten Verwal-tungsgesetzen wie dem Krankenanstaltengesetz, Arzneimittelgesetz, Medizinproduktegesetz etc. verankert. 1999 wurden die Patientenrechte in einer **Patientencharta** zusammengefasst; das ist eine Vereinbarung zur Sicherstellung der Patientenrechte.

Patientenrechte umfassen nicht nur zivilrechtliche Ansprüche aus dem Behandlungsvertrag, sondern schaffen auch Einflussrechte auf die Struk-turen der Krankenversorgung und Gesundheitsvorsorge. Sie umfassen Organisations- und Verfahrensregelungen, die es erlauben, durch Teil-nahme und Mitwirkung die Durchsetzung und Artikulation von Patien-teninteressen effektiver zu gestalten. Das Patientenrecht soll Sicherheit und Qualität in der medizinischen Versorgung gewährleisten. Die Patien-tenrechte betreffen den Schutz von Autonomie und Patientenselbst-bestimmung in der medizinischen Behandlung.

Patientenrecht: Grund- und Menschenrecht

Patientenrechte leiten sich sowohl aus verfassungsrechtlich gewährleis-teten **Grund-** und **Menschenrechten** (wie z.B. dem Recht auf Leben, Schutz vor unmenschlicher oder erniedrigender Behandlung, Schutz der persönlichen Freiheit, Anspruch auf Achtung der Privatsphäre und des Familienlebens) als auch aus den privatrechtlichen Persönlichkeitsrechten (z.B. Schutz der körperlichen Unversehrtheit oder der Ehre) ab. Ihre recht-liche Kraft ist daher unterschiedlich. Auch das Recht auf Autonomie und Selbstbestimmung des Patienten in der medizinischen Behandlung leitet sich aus dem verfassungsrechtlich gewährleisteten Selbstbestimmungs-recht und Schutz der Menschenwürde ab, das auch eine persönlichkeits-rechtliche Ausformung erfahren hat.

Patientencharta fasst Patienten-rechte zusammen

Recht auf Selbstbestimmung

Das Recht auf Selbstbestimmung bedeutet, dass der Wille des Patienten grundsätzlich zu respektieren und zu befolgen ist. Dieses Recht schützt ganz allgemein vor Fremdbestimmung. Es kommt nicht darauf an, was von anderen Personen als richtig oder sinnvoll angesehen wird, sondern darauf, was der Patient will, den es betrifft. Das gilt auch, wenn eine Entscheidung von anderen Personen, z.B. Angehörigen oder Ärzten, als falsch oder nicht objektiv nachvollziehbar angesehen wird.

Eigenmächtige Heilbehandlung?

Die Einwilligung zu medizinischen Behandlungen ist vom Patienten grundsätzlich selbst zu erteilen, wenn er **urteils-** und **einsichtsfähig** ist. Ein Verstoß gegen die Zustimmungspflicht hat strafrechtliche und zivilrechtliche Folgen (sogenannte **eigenmächtige Heilbehandlung**). Die Einwilligungsverweigerung durch Volljährige ist auch dann zu akzeptieren, wenn eine vernünftige Person anders entschieden hätte. Wird von einer geistig gesunden Person eine Behandlung verweigert und ist ihr Leben gefährdet (z.B. Verweigerung einer Bluttransfusion aus religiösen Gründen), muss dies dennoch akzeptiert werden. Für einen gesunden Menschen kann kein Sachwalter bestellt werden. Dies würde den Grundsätzen der Selbstbestimmung und dem Recht auf persönliche Freiheit widersprechen.

Selbstbestimmung geht vor Vernunft

Ist aber ein Patient psychisch nicht in der Lage, die Notwendigkeit einer Behandlung zu beurteilen, oder liegen irrationale Gründe für die Weigerung eines volljährigen Patienten in einer fehlenden Urteilsfähigkeit aufgrund einer **psychischen Krankheit** oder **geistigen Behinderung,** hat der behandelnde Arzt bei Gericht die Bestellung eines Sachwalters anzuregen. Das Gericht hat dann zu prüfen, ob die Durchführung der Heilbehandlung medizinisch gerechtfertigt ist und ob die Voraussetzungen für eine Sachwalterbestellung vorliegen.

Ist eine unter Sachwalterschaft stehende Person nicht in der Lage, den Grund und die Bedeutung einer ärztlichen Behandlung zu verstehen, hat der **Sachwalter** der Behandlung zuzustimmen oder diese abzulehnen.

Der Arzt hat den Sachwalter aufzuklären, damit er rechtswirksam einwilligen kann.

Aufklärung von
Einsichts- und
Urteilsfähigkeit
abhängig

Ganz allgemein gilt, dass die Einsichts- und Urteilsfähigkeit umso eher vorliegen wird, je geringfügiger ein Eingriff ist. Der Patient kann für relativ einfache Behandlungen einsichtsfähig sein, für komplexe Eingriffe hingegen nicht! Ist aber nicht erkennbar, ob die Zustimmung des Betroffenen von Einsichts- und Urteilsfähigkeit getragen ist, sollte der Sachwalter im Zweifelsfall zusätzlich einwilligen, wenn der Bestellungsbeschluss des Sachwalters diesen Wirkungskreis einschließt. Die beim Betroffenen vorhandene Einsichts- und Urteilsfähigkeit ist sowohl vom Gericht als auch vom Sachwalter und den behandelnden Ärzten zu beachten.

Einsicht in die Krankengeschichte

Das Recht von Patienten auf Einsicht in ihre Krankengeschichte ist ein **vertraglicher Nebenanspruch** aus dem zwischen Krankenanstalt bzw. Arzt und Patient abgeschlossenen Behandlungsvertrag. Aus dem vertraglichen Behandlungsverhältnis ergibt sich eine **Dokumentationspflicht** hinsichtlich **patientenrelevanter Daten**. Eine sachgerechte Behandlung und Information von Patienten kann nur erfolgen, wenn Krankenunterlagen korrekt geführt werden. Ohne schriftliche Fixierung der bisherigen Behandlung wäre es für Ärzte nicht mehr überschaubar, welche weitere Therapien sie für den Patienten anordnen sollen.

Dokumentation verpflichtend

Die Dokumentationspflicht der wichtigsten Behandlungsdaten stellt eine ärztliche Berufspflicht dar. Ärzte sind verpflichtet, Aufzeichnungen über jede zur Beratung oder Behandlung übernommene Person zu führen – insbesondere über den Zustand der Person bei Übernahme der Beratung oder Behandlung, die Vorgeschichte einer Erkrankung, die Diagnose, den Krankheitsverlauf sowie über Art und Umfang der beratenden, diagnostischen oder therapeutischen Leistungen einschließlich der Anwendung von Arzneispezialitäten und der zur Identifizierung dieser Arzneispezialitäten und der jeweiligen Chargen im Sinne des Arzneimittelgesetzes erforderlichen Daten – und hierüber der beratenen oder behandelten oder der zu ihrer gesetzlichen Vertretung befugten Person alle Auskünfte zu erteilen.

Angehörige der **Gesundheits- und Krankenpflegeberufe** haben bei Ausübung ihres Berufes ebenfalls die von ihnen gesetzten gesundheits- und krankenpflegerischen Maßnahmen zu dokumentieren. Die Dokumentation hat insbesondere Folgendes zu enthalten:

Dokumentationspflicht des Pflegepersonals

- die Pflegeanamnese
- die Pflegediagnose
- die Pflegeplanung
- die Pflegemaßnahmen

Den betroffenen Patienten, Klienten oder pflegebedürftigen Menschen oder deren gesetzlichen Vertretern ist auf Verlangen Einsicht in die Pflegedokumentation zu gewähren.

Die Krankenanstalten sind verpflichtet, Krankengeschichten anzulegen, in denen Folgendes darzustellen ist:

- die Vorgeschichte der Erkrankung **(Anamnese)**
- der Zustand des Patienten zur Zeit der Aufnahme
- der Krankheitsverlauf
- die **angeordneten Maßnahmen**
- die erbrachten ärztlichen Leistungen einschließlich Medikation (Dosis und Darreichungsform)
- **Aufklärung des Patienten**
- gegebenenfalls die Durchführung von Transplantationen

Alle Leistungen sind aufzeichnungspflichtig

Darüber hinaus sind nunmehr auch sonstige angeordnete und erbrachte wesentliche Leistungen, insbesondere **pflegerische, psychologische, psychotherapeutische** und **medizinisch-technische Leistungen,** in der Krankengeschichte zu dokumentieren. Das heißt, dass Patienten einen Anspruch auf Einsicht in die wissenschaftlich konkretisierbaren physischen Befunde sowie Berichte über Behandlungsmaßnahmen (z.B. Angaben über Medikation, EKG, EEG, Blutbildwerte, Operationsberichte, Narkoseprotokolle, Pflegedokumentation etc.) haben. Gerade bezüglich dieser Dokumentationspflichten bestehen bei Ärzten wie Patienten weitverbreitete falsche Vorstellungen. Über **Operationen** müssen eigene Operationsniederschriften geführt und der Krankengeschichte beigelegt werden. Röntgenbilder oder andere abbildende Aufzeichnungen wie Fotos, MRT- und CT-Bilder etc. gelten laut Gesetz ebenfalls als Bestandteil der Krankengeschichte. Bei Ableben eines Patienten ist auch eine etwaige **Obduktionsniederschrift** beizugeben.

Operationsniederschriften zusätzlich zur Krankengeschichte

Wem steht das Einsichtsrecht zu?

Ein Recht auf Einsichtnahme und Ausfolgung von Kopien bzw. Abschriften haben grundsätzlich folgende Personen:

- der **Patient** selbst und sein **gesetzlicher Vertreter,** soweit der Patient selbst nicht einsichts- und urteilsfähig ist
- der **Sachwalter** eines Patienten im Rahmen seiner Befugnisse
- **Angehörige** zu Lebzeiten, wenn der Patient mit der Einsichtnahme einverstanden ist. Nach dem Tod des Patienten haben Angehörige dann ein Recht auf Einsichtnahme, wenn ein berechtigtes Interesse daran gegeben ist (z.B. Auskunft über die Todesursache – nicht nur zur prozessualen Durchsetzung von Schadenersatzansprüchen) und der verstorbene Patient mutmaßlich der Einsicht zugestimmt hätte.

Darüber hinaus haben auch **Sozialversicherungsträger, Gerichts-** und **Verwaltungsbehörden** in Angelegenheiten, in denen die Feststellung des Gesundheitszustandes für eine Entscheidung oder Verfügung im öffentlichen Interesse von Bedeutung ist, ein Einsichtsrecht. Im Zweifel besteht **volle** Informationspflicht. Aber auch einweisende und weiterbehandelnde Ärzte haben ein Recht auf Einsichtnahme und Ausfolgung von Kopien der Krankengeschichte. **Rechtsanwälte** oder sonstige vom Patienten beauftragte Personen haben dagegen nur dann ein Einsichtsrecht, wenn der Patient mit der Einsichtnahme einverstanden ist. Auch die Patientenvertretung besitzt, vorbehaltlich Zustimmung des Patienten oder seines gesetzlichen Vertreters, Zugang zu allen medizinischen patientenbezogenen Aufzeichnungen.

Vollständigkeit der Unterlagen

Spätestens mit dem Ende eines einzelnen Behandlungsabschnittes bzw. mit dem Ende oder dem Abbruch der gesamten Behandlung ist von einer **Vollständigkeit der Unterlagen** auszugehen. Die Dokumentationspflicht entsteht somit sukzessive und parallel zu den einzelnen Behandlungsabschnitten. Ein zu langes Hinausschieben der gesetzlichen Dokumentationspflicht stellt auch eine Verletzung der ärztlichen Sorgfaltspflicht dar.

Jeder Behandlungsschritt ist zu dokumentieren

Können Sie in Ihre Krankengeschichte nicht Einsicht nehmen, weil diese fehlt, unvollständig ist oder widerrechtlich zurückgehalten wird, so hat dies **beweisrechtliche Konsequenzen** zum Nachteil des Arztes und hilft Ihnen, den Beweis eines behaupteten Behandlungsfehlers zu erbringen. Diese Beweiserleichterung bei fehlender Dokumentation hilft dem Patienten insoweit, als sie die Vermutung begründet, dass eine nicht dokumentierte Maßnahme vom Arzt nicht getroffen wurde – sie begründet aber nicht die Vermutung objektiver Sorgfaltsverstöße.

Sachwalterschaft

Die Sachwalterschaft dient dazu, Personen zu unterstützen, die sich weder in einer Krankenanstalt noch in einer psychiatrischen Einrichtung befinden. Diese Personen sind nämlich aufgrund einer psychischen Krankheit oder einer geistigen Behinderung nicht in der Lage, einzelne oder alle ihre Angelegenheiten ohne Gefahr eines Nachteils für sich selbst zu besorgen. Daher erhalten sie einen gesetzlichen Vertreter (= Sachwalter), der ihre Interessen wahrt.

Aufklärung über wirtschaftliche Fragen

Bei bestimmten Fallkonstellationen erstreckt sich die ärztliche Aufklärungspflicht auf wirtschaftliche Gesichtspunkte. Der Arzt muss den Patienten klar und eindeutig über die realistischen Chancen einer ins Auge gefassten Therapie aufklären. Dies gilt insbesondere dann, wenn mit der Therapie **hohe Kosten** verbunden sind. Der Arzt hat beispielsweise über geringere Kosten einer ambulanten Behandlung, falls diese eine echte **Alternative** darstellt, im Gegensatz zu einer stationären Behandlung bei nicht voller Erstattung der Pflegekosten aufzuklären. Und wer krebskranken Patienten eine teure Therapie anbietet, von der nach vorliegenden Erkenntnissen keinerlei **therapeutische Wirkung** zu erwarten ist und deren Kosten allenfalls in Einzelfällen von der Krankenkasse übernommen werden, ist verpflichtet, darauf hinzuweisen; andernfalls verliert der Arzt seinen Vergütungsanspruch.

Die wirtschaftliche Aufklärungspflicht geht aber nicht so weit, dass der Arzt einen **Kassenpatienten** auf die fehlende Erstattungsfähigkeit der Kosten der von ihm gewünschten privatärztlichen Behandlung hinweisen muss. Auch über eine **Behandlungsalternative,** die von der gesetzlichen Krankenversicherung aus ihrem Leistungskatalog ausgeklammert worden ist und daher dem Patienten nur als Selbstzahler zur Verfügung steht, ist nicht aufzuklären.

Ebenso darf die wirtschaftliche Beratungspflicht eines **Zahnarztes** nicht überspannt werden. Allenfalls lässt sich aus den Neben- und Schutzpflichten des Beratungsvertrages eine Hinweispflicht des Zahnarztes zur Aufklärung über die entstehenden Kosten und bestehenden Behandlungsalternativen ableiten. Vor einer **kosmetischen Operation** wird jedoch der Arzt den Patienten unmissverständlich darauf aufmerksam machen müssen, dass die Krankenkasse möglicherweise die Operationskosten nicht tragen wird.

Misserfolg der Behandlung, Behandlungsfehler

Für einen Behandlungsfehler, auch Kunstfehler genannt, gibt es keine gesetzliche Definition. Sicher ist nur, dass in einem solchen Fall der Arzt gegen die vorgeschriebene Sorgfaltspflicht verstoßen hat.

Telefondiagnose nur in Ausnahmefällen

Manche Behandlungen sind langwierig und führen nicht sofort zum Erfolg bzw. führen sie sogar zeitweise zu Verschlechterungen oder Rückschlägen. Hier muss man unbedingt den Arzt auf dem Laufenden halten. Das kann auch telefonisch erfolgen, indem Sie Ihrem Arzt nach Absprache etwa telefonisch über Ihre allmorgendlich zu messende Temperatur Auskunft geben. Lediglich dann, wenn es sich um solche vom Patienten selbst feststellbare Kriterien handelt, ist ein Telefonat zwischen Patient und Arzt das richtige Kommunikationsmittel.

Generell sind dem Arzt **Telefondiagnosen nicht erlaubt**, zumindest dann nicht, wenn er den Patienten nicht kennt und es sich um schwerwiegende Gesundheitsbeeinträchtigungen handelt. Kleinigkeiten indes können auch telefonisch abgesprochen werden bzw. können Informationen auf diesem Weg an den Arzt weitergegeben werden.

Fehlerquellensuche

Bei Behandlungsfehlern ist zwischen Beschwerden zu unterscheiden, die sich einzig und allein auf die medizinische Behandlung beziehen, und jenen Beschwerden, die Wartezeiten, unhöfliches Auftreten und praktische Verhältnisse (z.B. veraltete Infrastruktur) betreffen. Falls es sich um Beschwerden über die Behandlung durch einen Arzt, eine Krankenschwester, eine Hebamme, einen Psychologen im öffentlichen Gesundheitssystem, einen Ergo- und Physiotherapeuten, Apothekenpersonal oder Zahntechniker handelt, können Sie sich entweder an den Patientenanwalt, an den Krankenhausträger oder an die jeweilige Kammer bzw. Berufsvertretung wenden. Bei einem Behandlungsfehler durch den Arzt steht Ihnen in jeder Landeskammer auch eine Schiedsstelle zur Verfügung. Geben Sie in Ihrer Fallschilderung genau an, durch wen, wann und wo der Behandlungsfehler passiert ist.

Wenden Sie sich bei Behandlungsfehlern an Patientenanwalt, Krankenhausträger oder Ärztekammer

Gedächtnisprotokoll anlegen

Wenn Sie als Patient mit der Behandlung durch einen Arzt unzufrieden sind, sollten Sie zuerst mit dem Arzt sprechen, um Missverständnisse aus dem Weg zu räumen und die Situation aufzuklären. Falls das zu nichts führt, sollte ein **Gedächtnisprotokoll** über den Ablauf der vermuteten Fehlbehandlung erstellt und Namen sowie Anschrift etwaiger Zeugen, der nachbehandelnden Ärzte, Behandlungstermine und Untersuchungen etc. sollten notiert werden. Ferner sollten Sie die Dokumentation des behandelnden Arztes bzw. Krankenhauses beschaffen. Tipp: Hierbei ist möglicherweise auch die Krankenkasse behilflich!

Wichtig: Lassen Sie sich die Vollständigkeit und Richtigkeit der Dokumentation durch den behandelnden Arzt bzw. das Krankenhaus schriftlich bestätigen. Sämtliche Belege und **Rechnungen,** die Sie als Patient selbst gezahlt haben, sollten gesammelt und aufbewahrt werden, um so einen Nachweis eines materiellen Schadens erbringen zu können.

Wenn Sie weiterhin ein ungutes Gefühl haben, sollten Sie auch einen zweiten Arzt hinzuziehen und die Krankenkasse um ein **Gutachten** bitten, weil Sie einen Behandlungsfehler vermuten. Sie sollten den zweiten Arzt bitten, seine Beurteilung in einem Kurzattest niederzuschreiben.

Gedächtnisprotokoll: Sachverhalt ermitteln und festhalten

Weiteren Arzt hinzuziehen

Im Zweifelsfall sollte man unbedingt einen zweiten Arzt zu Rate ziehen. Dabei sollten Sie darauf achten, dass Sie einen wirklichen **Spezialisten** konsultieren, anderenfalls kämen Sie vom Regen in die Traufe. Gegenüber den Kassen und Privatversicherungen haben Sie ein Recht auf eine weitere Begutachtung, nicht aber ohne Weiteres auf eine neue Behandlung durch einen neuen Arzt. Hier bedarf es der Zustimmung der Kasse bzw. der Versicherung.

Bei der Auswahl des zweiten Arztes können Sie sich **Tipps** (z.B. von Selbsthilfegruppen, Menschen mit gleicher Krankheit oder Ärztekammern) geben lassen, sich Krankenhäuser bzw. Arztpraxen ansehen, mit den Schwestern sprechen und sich dann für eine erste Visite entscheiden, die Sie bei dem von Ihnen auserkorenen Arzt machen. Die Behandlung dürfen Sie aber aus kassen- bzw. privatversicherungsrechtlichen Gründen nur durch einen Arzt vornehmen lassen. Daher müssen Sie auch gegenüber der Kasse schlüssig argumentieren, warum Sie eine Behandlung bei jenem Arzt abbrechen und bei einem anderen fortsetzen wollen.

Kassenärztliche Gutachter

Die Krankenkassen haben eigene Gutachter, die aus kassenärztlicher Sicht die Behandlung beurteilen. Den Kassen geht es aber nur darum, Ihnen oder dem Arzt zu belegen, dass (k)ein Fehler vorliegt, denn sie müssen keinen zweiten Behandler zulassen, sondern können Sie auch wieder zur Nachbesserung zum erstbehandelnden Arzt schicken – es sei denn, die Behandlung war völliger Pfusch, sodass eine Korrektur durch den gleichen Arzt kaum zu erwarten ist. Das Gutachten ist übrigens ein **Indiz,** aber kein Vollbeweis in einem Arzthaftungsprozess. Hierzu bedarf es eines gerichtlichen Gutachters.

Wenn die Entscheidung über den Arztwechsel getroffen worden ist und die Kasse bzw. Privatversicherung zustimmt (das muss sie bei triftigen Gründen), wird Ihnen der Nachbehandler mitteilen, ob er Ihre Vermutung des Behandlungsfehlers teilt. Sie sollten ihn auch sachlich darauf ansprechen, denn nun geht es – neben der vorrangigen Aufgabe, Ihre Gesundheit zu erhalten – um die Frage der Beweissicherung.

Behandlungsfehler ist eingetreten

Da es keine gesetzliche Definition des Behandlungsfehlers gibt, blieb es der Rechtsprechung vorbehalten, geeignete Grundsätze zu entwickeln. Ein Behandlungsfehler (umgangssprachlich auch Kunstfehler) ist nach zivilrechtlichem wie strafrechtlichem Verständnis jede ärztliche Maßnahme, die nach dem Standard der medizinischen Wissenschaft und Erfahrung die gebotene Sorgfalt vermissen lässt und darum unsachgemäß erscheint. Der Begriff des Behandlungsfehlers wird dabei als weit und

Behandlungsfehler ist gesetzlich nicht definiert

umfassend verstanden. Das heißt, der Arzt muss nicht nur die Behandlung an sich sorgfältig durchführen, sondern er ist auch vor und nach der Maßnahme zur Beachtung der gebotenen Sorgfalt verpflichtet.

Einfache und schwere Behandlungsfehler

Ein **schwerer** (oder grober) Behandlungsfehler ist anzunehmen, wenn der Arzt eindeutig gegen bewährte ärztliche Behandlungsregeln oder gesicherte medizinische Erkenntnisse verstoßen und einen Fehler begangen hat, der aus objektiver Sicht nicht mehr verständlich erscheint, weil er einem Arzt schlechterdings nicht unterlaufen darf. Ein schwerer Behandlungsfehler setzt aber keine grobe Fahrlässigkeit voraus.

Die Differenzierung zwischen einem „einfachen" und einem „schweren" Behandlungsfehler ist indes für die materiell-rechtliche Seite, das heißt für die Anspruchsbegründung, nicht relevant. Der Arzt hat einem Patienten in jedem Fall den durch einen Behandlungsfehler verursachten Schaden zu ersetzen, ungeachtet der Frage, ob der Fehler einfach oder schwer war. Wesentliche Bedeutung erlangt diese Unterscheidung aber in prozessualer Sicht mit Blick auf eventuelle **Beweislasterleichterungen** und **Beweislastumkehrungen** zugunsten des Patienten. Der Patient hat dann nicht mehr den „schweren" Fehler des Arztes zu beweisen, sondern der Arzt muss den Vorwurf widerlegen. Die Beweislastumkehr bedeutet also eine Haftungsverlagerung zugunsten des Patienten und zulasten des Arztes.

> Beweislast hängt von der Schwere des Behandlungsfehlers ab

Wird durch einen ärztlichen Kunstfehler das Operationsrisiko **nicht unwesentlich erhöht,** trifft den Behandler die Beweislast dafür, dass schädliche Folgen auch ohne den Kunstfehler eingetreten wären. So ist beispielsweise mit der Feststellung des bloß allgemeinen Operationsrisikos beim Anlegen einer **Blutsperre** – dass die Risikoverwirklichung auch bei einer fachgerechten Operation (also mit Blutsperre) eintreten hätte können – dieser Nachweis nicht erbracht.

Der Behandlungsfehler verlangt zunächst in jedem Fall einen Sorgfaltspflichtverstoß. Gegen seine Sorgfaltspflicht verstößt der Arzt, wenn er gegenüber dem Patienten nicht die gebotene Sorgfalt walten lässt, also das in Kreisen gewissenhafter und aufmerksamer Ärzte oder Fachärzte vorausgesetzte Verhalten unterlässt. Es kommt somit auf die im jeweiligen **Facharztkreis** vorausgesetzten Fähigkeiten und erwarteten Kenntnisse an, nicht aber auf die tatsächlichen Fähigkeiten und Kenntnisse des einzelnen Arztes.

In **zivilrechtlicher** Hinsicht kann sich der Arzt also nicht damit entlasten, er habe eine medizinische Maßnahme noch nie durchgeführt, wenn diese schon zum Standard in der betreffenden Disziplin zählt. Auch die Aussage des Arztes, er sei schlecht ausgebildet worden, entlastet ihn nicht. Ebenso wenig kann er eingerissene Nachlässigkeiten in seiner Klinik für sich ins Treffen führen.

In **strafrechtlicher** Hinsicht könnten sich solche Umstände möglicherweise für den Arzt positiv auswirken. Damit der Arzt die gebotene berufsfachliche Sorgfalt beachten kann, muss er den aktuellen medizinischen Standard kennen und beherrschen. Aufgrund der schnell voranschreitenden medizinischen Wissenschaft entsteht für den Arzt somit eine Rechtspflicht zur Fortbildung. Dieser genügt der in der Allgemeinmedizin tätige Arzt in der Regel dann, wenn er die inländischen Allgemeinfach-Periodika liest. Von anderen Fachärzten (z.B. Internisten, Kardiologen, Chirurgen etc.) kann darüber hinaus grundsätzlich noch die Lektüre der methodenspezifischen ausländischen Literatur erwartet werden.

Ärzte sind zur Fortbildung verpflichtet

Strafrechtliche Verantwortlichkeit von Sozialversicherungsträgern

Die einzelnen Sozialversicherungsträger und der Hauptverband der österreichischen Sozialversicherungsträger unterliegen dem Verbandsverantwortlichkeitsgesetz, wenn sie medizinische Institutionen betreiben. Strafrechtlich verantwortlich können sie beispielsweise im Bereich von Kunst-, Behandlungs- und Organisationsfehlern (schon aufgrund der Häufigkeit sowie Vielfalt arbeitsteiliger Prozesse) werden. Die in medizinischen Einrichtungen tätigen Personen wie das Pflegepersonal, Ärzte, ärztliche Leiter usw. sind in der Regel Mitarbeiter, sodass deren Verhalten bei der strafrechtlichen Verantwortlichkeit von Sozialversicherungsträgern im Bereich der Kunst- und Behandlungsfehler eine vorrangige Rolle zukommt.

Zu schnell, zu wenig

Ein Behandlungsfehler kann etwa dadurch verursacht werden, dass der Arzt die Befunde nicht vollständig erhebt (Verstoß gegen die **Befunderhebungspflicht**): Er nimmt sich nicht genügend Zeit dafür, kommt dann vorschnell zu einer Arbeitsdiagnose und behandelt entsprechend.

Behandlungsfehler können auch dadurch eintreten, dass der Arzt einen körperlich **gesunden Menschen** behandelt, der aus psychischen Gründen Beschwerden hat: Eine psychisch angespannte Handelsvertreterin klagt über permanente Halsschmerzen und Heiserkeit. Der Arzt schaut der Patientin in den Mund, stellt eine nicht vorhandene **Mandelentzündung** fest und rät ihr, die Mandeln herausnehmen zu lassen. Bei der Operation wird festgestellt, dass die Mandeln weder entzündet noch geschwollen waren. Hier liegt also ein Behandlungsfehler vor.

Ein Behandlungsfehler kann auch dann gegeben sein, wenn der Arzt zwar die Befunde richtig erhebt, zu einer richtigen Diagnose gelangt und sich auch für die richtige Behandlungsmethode entscheidet, diese jedoch fehlerhaft anwendet.

Diagnostik als Ursache für Behandlungsfehler

Zu wenig Erfahrung, mangelnde Hygiene

Die meisten Behandlungsfehler beruhen auf einem Übernahmeverschulden des Arztes, der eine Behandlung vornimmt, ohne die nötige **Erfahrung** und räumliche **Ausstattung** zu haben. Häufig sind auch die **hygienischen Verhältnisse** nicht patientengerecht. Der Arzt ist dann nicht in der Lage, die Befunde richtig zu deuten und die richtige Diagnose zu stellen. Schließlich kann auch Organisations- und Kontrollverschulden den Behandlungsfehler hervorrufen. Etwa, wenn Informationen an die Arzthelferin von dieser verharmlosend an den Arzt weitergegeben werden oder die Desinfektion von Geräten und Patient unkontrolliert und zu wenig sorgfältig vorgenommen wird. Ein typischer Behandlungsfehler ist auch die fehlende oder unzureichende **postoperative Kontrolle** des Patienten oder die mangelnde Überwachung der Operation selbst.

Nosokomiale Infektionen sind im Krankenhaus erworbene Infektionen. Hauptfälle sind: Harnwegsinfekte, Sepsis, Pneumonien, Wundinfektionen, abdominale und sonstige Infektionen. Das Risiko einer nosokomialen Infektion ist oft **schicksalhaft** mit der medizinischen Behandlung verbunden. Der Patient kann das Risiko gegebenenfalls nur dadurch vermeiden, dass er der jeweiligen medizinischen Behandlung nicht zustimmt. Und gerade darüber ist der Patient aufzuklären: Über ein etwaiges **typisches Risiko** einer nosokomialen Infektion und über die Alternativen einer anderen Behandlung sowie einer Nichtbehandlung.

Ist dem Krankenhausträger der ihm obliegende Beweis gelungen, dass sich ein Patient auch bei Aufklärung über einzelne Erreger und mögliche Infektionen (z.B. Risiko des bakteriellen Erregers Staphylococcus aureus) mit der erfolgten Infusionstherapie einverstanden erklärt hätte, kann offenbleiben, ob in der unterlassenen Aufklärung eine Pflichtverletzung zu sehen ist. Unterblieb aber bei einer nicht dringlichen Operation die Aufklärung über das eingetretene Risiko, dass eine operationsbedingte Infektion auch einen chronischen Verlauf nehmen kann, so kann darin eine Aufklärungspflichtverletzung bestehen. Nur wenn das Risiko eine offenkundige Tatsache darstellte (wie etwa das jedem Eingriff in den menschlichen Organismus innewohnende Infektionsrisiko), wäre eine andere Beurteilung vorzunehmen.

Das **Nichterkennen** eines **Schienbeinbruches** trotz erfolgter röntgenologischer Abklärung stellt einen **Diagnosefehler** dar, wenn der Unfallchirurg lediglich eine Prellung diagnostiziert. Aufgrund dieses Fehlers kommt es zu einem zeitlich verlängerten, schmerzhaften Heilungsverlauf. Dadurch entstehen zusätzliche Schmerzen, aber auch ein längerer Krankenstand und höhere Heilungskosten, die bei sachgerechter Abklärung und Behandlung hätten vermieden werden können. Dies stellt schadenersatzrechtlich einen (ersatzfähigen) Schaden dar. Um einen Diagnosefehler handelt es sich auch, wenn ein **Verrenkungsbruch** der **Halswirbelsäule** als Folge eines Bergunfalles nicht erkannt wird und in Folge zu einer Querschnittslähmung führt.

Diagnoseprobleme treten oft auf, wenn sich mehrdeutige Symptome überlagern und die Krankheit dadurch nicht leicht festzustellen ist. Das ist beispielsweise bei der Feststellung einer **Blinddarmentzündung** (Appendizitis) der Fall. In einem konkreten Fall überlagerten sich Grippesymptome mit den Symptomen einer Appendizitis, einer Nierenentzündung sowie einem Darmverschluss und Magenkatarrh. Der behandelnde Arzt ließ den Patienten trotz dieser Symptome über das Wochenende

Eindeutige Diagnosefehler

ohne ärztliche Betreuung zu Hause und veranlasste erst am darauf folgenden Montag die Einweisung ins Krankenhaus, wo sogleich eine Blinddarmnotoperation durchgeführt werden musste. Der Patient konnte aber dennoch nicht mehr gerettet werden und verstarb an den Folgen eines Blinddarmdurchbruchs. Der OGH (Oberste Gerichtshof) erblickte einen Behandlungsfehler darin, dass der behandelnde Arzt trotz Vorliegen mehrdeutiger Symptome mit der Einweisung ins Krankenhaus über das Wochenende gewartet hatte. Ein **Therapiefehler** kann vorliegen, wenn der Arzt

- den Patienten nicht persönlich behandelt
- ohne Aufklärung des Patienten veraltete Methoden einsetzt
- das einzuhaltende Maß (z.B. bei einer Strahlenbehandlung) überschreitet
- vorhandene Geräte nicht benutzt

Fehler bei Technik und Organisation

Auch **technische Fehler** sind denkbar. Werden technische Geräte nicht ausreichend gewartet oder richtig eingesetzt, kann der Patient erheblichen Schaden erleiden. Der Arzt, der ein technisches Gerät benutzt, muss sich über die Funktionsweise genauestens informieren. Bevor er ein Gerät in Betrieb nimmt, muss er dessen Funktionstüchtigkeit überprüfen. Ein Arzt darf sich nicht ausschließlich auf die Anzeigen von Apparaten verlassen.

> Arzt muss technische Geräte überprüfen und bedienen können

Darüber hinaus kann ein Behandlungsfehler in einem organisatorischen Fehlverhalten erblickt werden, wenn der Arzt und/oder der Krankenhausträger gegen organisatorische Sorgfaltspflichten verstößt **(Organisationsfehler).** Das Organisationsverschulden hat insbesondere Bedeutung in Krankenhäusern, wo eine zum Teil große Anzahl von Ärzten, Mitarbeitern des ärztlichen Hilfspersonals, Technikern etc. arbeitet, wo eine Vielzahl von Befunden zu erheben und zu sichern ist, Diagnosen zu stellen, Maßnahmen der verschiedensten Art zu treffen und zu dokumentieren sind, wo medizinische Geräte eingesetzt und überwacht werden müssen, wo große Mengen von Medikamenten bereitgehalten werden und wo Personal fortgebildet werden muss.

Für die Planung und Kontrolle der klinischen Abläufe sind der **leitende Arzt** und der **Krankenhausträger** verantwortlich. Aus dieser Pflicht zur sorgfältigen Organisation resultiert die Pflicht des Chefarztes, die Assistenzärzte im Rahmen regelmäßiger Visiten zu beobachten und sie gezielt zu **überprüfen** oder durch geeignete Oberärzte überprüfen zu lassen.

Zu den Organisationspflichten gehört es weiterhin, sicherzustellen, dass keine durch vorangegangene **Nachtdienste** übermüdeten Ärzte zu Operationen eingeteilt werden. Außerdem ist, insbesondere in psychiatrischen Kliniken, Vorsorge gegen eine Selbstschädigung der Patienten zu treffen. Aber auch scheinbar **banale,** für eine erfolgreiche Therapie unter Umständen gleichwohl wichtige Organisationspflichten wie z.B. die Vereinbarung, Einhaltung und Überwachung von Terminen mit den Patienten obliegen dem leitenden Arzt bzw. dem Krankenhausträger.

Die Klinikleitung hat die Gebrauchsfähigkeit von Desinfektionsmitteln zu gewährleisten und zu verhindern, dass es zur zufälligen Vermischung von Chemikalien kommt, die zur Behandlung der Patienten bestimmt sind. Eine weitere Organisationspflicht der Klinikleitung ist es, einen Standard im Krankenhaus aufzubauen und aufrechtzuerhalten, der den typischen Aufgaben entspricht und Gefahren wirkungsvoll begegnet. **Universitätskliniken** unterliegen dabei strengeren Anforderungen als kleinere und weniger differenzierte Krankenhäuser. Als Maßstab sind die Vertrauenserwartungen der Patienten heranzuziehen.

Übermüdete Ärzte stellen ein Organisationsverschulden dar

Schutz vor vermeidbaren Gefahren

Jeder Arzt muss sicherstellen, dass seine Patienten vor **vermeidbaren Gefahren** und Schäden im Zusammenhang mit der Behandlung, einschließlich des Aufenthaltes in den Behandlungs- und Praxisräumen, geschützt sind. So kann z.B. ein Organisationsverschulden und ein Behandlungsfehler darin liegen, dass der Arzt eine 89-jährige, eingeschränkt gehfähige Patientin unbeaufsichtigt auf einer Untersuchungsbank liegen lässt und diese dann von dort herunterfällt und sich verletzt.

Bedient sich der behandelnde Arzt der Mithilfe anderer (als ärztlicher) Hilfspersonen, treffen ihn nach dem Gesetz **Anleitungs- und Überwachungspflichten.** Er haftet für jedes Verschulden dieser (Hilfs-)Personen im Rahmen des Behandlungsvertrages wie für sein eigenes **(Erfüllungs-**

Unvollständige Befunde

Ein junger Student im Examensstress sucht wegen starker **Magenschmerzen** den Arzt auf. Der behandelnde Arzt hält die Schmerzen für stressbedingt und verabreicht ein hochpotentes Schmerzmittel. An dieser Diagnose, stressbedingte Schmerzen, hält der Arzt über 10 Tage fest. Er erhebt keine weiteren Befunde, etwa durch Ultraschall, um die Ursache der Schmerzen zu ermitteln. Nach 10 Tagen muss der Student mit einem akuten **Blinddarmdurchbruch** ins Krankenhaus gebracht werden. Dem Arzt ist der Vorwurf zu machen, dass – sofern er selbst über kein Ultraschallgerät verfügt – er den Patienten nicht in ein nahe gelegenes Krankenhaus zur weiteren Befunderhebung überwiesen hat.

gehilfenhaftung). Dasselbe gilt für Krankenanstalten. Hierher gehören auch die in der Praxis nicht seltenen Fälle der Patientenverwechslung.

Ein **Konsultationsfehler** liegt vor, wenn der behandelnde Arzt, der aufgrund fehlender Kenntnisse und Fähigkeiten auf einem medizinischen Spezialgebiet nicht in der Lage ist, eine genaue Diagnose zu erstellen und eine adäquate Therapie durchzuführen, keinen **Spezialisten konsultiert** oder den Patienten nicht an einen Spezialisten oder ein Krankenhaus zur weiteren Abklärung verweist. Tritt etwa bei einer **Nasenseptumkorrektur** eine Sehnervverletzung auf, hat der operierende HNO-Facharzt unverzüglich einen Augenfacharzt beizuziehen, wenn er einen weiteren Behandlungsfehler vermeiden will.

Konsultationspflicht bei Spezialgebieten

Klassische Behandlungsfehler

Zu den klassischen Behandlungsfehlern zählt etwa das **Vergessen von Tupfern,** Kompressen oder Operationsnadeln im Körper des Patienten. Auch das Verabreichen falscher Injektionen oder Infusionen gehört hierher; z.B., wenn eine Kalziuminjektion irrtümlich ins Gewebe statt intravenös verabreicht wird. Fehler in der **Dosierung** der **Röntgenbestrahlung** stellen ebenfalls einen Behandlungsfehler dar; ebenso das **unsachgemäße Überprüfen eines Gipsverbandes,** wenn vom Patienten gemeldete Beschwerden ignoriert werden, der Verband nicht abgenommen und kein Spaltgips angelegt wird.

Fatale Verwechslung

Ein Facharzt wurde z.B. dafür haftbar gemacht, dass seine Sprechstundenhilfe (ohne medizinische Ausbildung) anlässlich einer Magenaushebung die Sonde statt in die Speiseröhre in die Luftröhre einführte und, weil sich kein Magensaft ausheben ließ, in diese noch 300 ccm Koffeinlösung einfüllte, was beim Patienten eine schwere Lungenentzündung auslöste. Dem Arzt wurde die Verletzung seiner Aufsichtspflicht zum Vorwurf gemacht.

Rechtlich umstritten ist die Frage, ob der Arzt verpflichtet ist, dem Patienten zu offenbaren, wenn er einen Behandlungsfehler begangen hat und dies erkennt. Eine generelle **Offenlegungspflicht** ist abzulehnen, weil sich niemand selbst Schadensersatzansprüchen und Strafverfolgungsmaßnahmen aussetzen muss.

Haftung des Arztes

Nicht jede misslungene Behandlung ist gleich ein Kunstfehler. Der Beweis, dass gepfuscht wurde, gestaltet sich vor Gericht oft äußerst schwierig. Dazu kommt noch eine hohe finanzielle Belastung.

Behandlungsfehler statt Behandlungserfolg

Die Gesundheitsversorgung in Österreich befindet sich auf einem anerkannt hohen Niveau. Neben der qualifizierten medizinischen Ausbildung der Ärzteschaft wird insbesondere auf die Qualitätssicherung ärztlicher Berufsausübung großer Wert gelegt. Trotzdem kann es zu Fehldiagnosen und Behandlungsfehlern kommen, wobei darauf hinzuweisen ist, dass nicht immer, wenn der gewünschte Behandlungserfolg ausbleibt, ein verschuldeter ärztlicher Behandlungsfehler vorliegt.

Grundsätzliches Verbot von Eigenmacht und Selbsthilfe

Will jemand privatrechtliche Ansprüche durchsetzen, etwa wegen eines Behandlungsfehlers, darf er dabei nicht eigenmächtig vorgehen. Er muss sich dazu vielmehr der Hilfe der Zivilgerichte bedienen.

In Fällen einer fehlerhaften Behandlung oder unzureichenden Aufklärung stehen dem Patienten **Schadenersatz- und Schmerzensgeldansprüche** (juristisch: Schmerzengeld) zu. Bei Schäden, die durch Arzneimittel oder durch ein Medizinprodukt (z.B. Röntgengerät) verursacht worden sind, können auch Ansprüche gegen den pharmazeutischen Unternehmer bzw. den Hersteller bestehen.

Neben den klassischen Mitteln der Rechtsdurchsetzung (Strafprozess, Zivilprozess) besteht die Möglichkeit einer außergerichtlichen Einigung; sie erfolgt über die Schlichtungsstellen.

Bei der **Schiedsstelle** der Ärztekammer wird in einem außergerichtlichen Verfahren versucht, eine Klärung herbeizuführen. Im Vergleich zum Zivilprozess können Sie bei einem Schlichtungsverfahren rascher mit einer Entscheidung rechnen. Und vor allem haben Sie kein Kostenrisiko zu tragen.

Kann im Schlichtungsverfahren kein Verschulden nachgewiesen werden und ist kein Schadenersatz durchsetzbar, gibt es noch den sogenannten Patientenhärtefonds. Diese auf Landesebene geschaffenen

Bei Schlichtungsverfahren kein Kostenrisiko

Entschädigungsfonds wirken quasi als „Fangnetz", das heißt zur Optimierung und Ergänzung des zivilrechtlichen Haftungsrechtes.

In den Geschäftsordnungen der meisten Patientenentschädigungsfonds sind **Höchstbeträge** (meist rund 21.000 Euro, in Tirol 35.000 Euro; bei besonderen Härtefällen 70.000 Euro, in Wien bis 100.000 Euro) für den einzelnen Schadensfall vorgesehen. Pro Jahr werden an die Patientenanwaltschaften in Österreich rund 1.000 solcher Fälle herangetragen. 80 bis 85 Prozent der Patienten bekommen Geld aus dem Fonds. Im Durchschnitt sind es zwischen 8.000 und 9.000 Euro. Grundsätzlich sind all jene Schadensereignisse umfasst, die sich nach dem 1.1.2001 in einer gemeinnützigen Krankenanstalt – nicht aber in privaten Spitälern oder niedergelassenen Arztpraxen – ereignet haben. Die dreijährige Verjährungsfrist gilt auch hier.

Auch hier gilt
Verjährungsfrist

Haftungsvoraussetzungen

Grundsätzlich kann nicht jeder Misserfolg während einer Behandlung einem Arzt vorgeworfen werden. Damit ein Arzt die Haftung für einen rechtswidrigen Behandlungsfehler zu übernehmen hat, müssen folgende Voraussetzungen (kumulativ – also alle vier) vorliegen:

- **Schaden.** Es ist ein (Vermögens- oder Nichtvermögens-)Schaden entstanden.
- **Kausalität.** Der Schaden wurde vom Schädiger (durch eine Handlung oder eine Unterlassung) verursacht.
- **Verschulden.** Der Schaden wurde wenigstens leicht fahrlässig, also schuldhaft, zugefügt.
- **Rechtswidrigkeit.** Das Verhalten des Schädigers stellt einen Normverstoß dar.

Schaden

Tritt kein Schaden ein, so hat selbst der gröbste Behandlungsfehler keine Konsequenzen für den Arzt. Die Geburt eines gesunden, wenn auch **unerwünschten Kindes** nach einer Vasektomie bedeutet keinen Schaden im Rechtssinn. Ein Schadenersatzanspruch gegen den Arzt wegen Verletzung des ärztlichen Behandlungsvertrags auf Ersatz des Unterhaltsschadens besteht nicht. Ebenso wenig bei Geburt eines gesunden Kindes trotz Koagulation der Tube (elektrische Verschweißung der Eileiter).

Schadensbegriff weit gefasst

Bei einer Gesundheitsbeeinträchtigung infolge eines Kunstfehlers jedoch kann neben dem Schaden, der in ursächlichem Zusammenhang mit dem Fehler steht, noch der **Folgeschaden** geltend gemacht werden. Darunter sind vor allem die Kosten der Behandlung, Verdienstentgang, berufliche Umschulung und die Kosten für die Rechtsverfolgung zu verstehen.

Steht fest, dass ein eingetretener Schaden zu ersetzen ist, stellt sich die (weitere) Frage, **wie** er zu ersetzen ist. Die Ersatzleistung ist nämlich unterschiedlich, je nachdem, ob es sich um einen **Vermögens-** oder einen **Nicht-Vermögensschaden** (z.B. Körper- oder Ehrverletzungen) handelt.

„wrongful conception"

Unterlässt der Arzt bei einer Vasektomie die erforderliche Aufklärung, kann das gezeugte und gesund geborene Kind nicht als Schaden angesehen werden. Die Geburt eines gesunden, wenn auch unerwünschten Kindes bedeutet nämlich keinen Schaden im Rechtssinn. Trotz unzureichender Aufklärung über das trotz eines kunstgerecht durchgeführten Eingriffs gegebene Restrisiko, dass beim Geschlechtsverkehr lebende Samen übertragen werden, besteht kein Schadenersatzanspruch gegen den Arzt auf Ersatz des Unterhaltsaufwands. Etwas anderes könnte nur gelten, wenn durch die zusätzliche Unterhaltspflicht eine existenzielle Belastung der Familie eintreten würde. Auch steht der Mutter wegen einer durch Kaiserschnitt erfolgten Geburt kein Schmerzensgeld zu.

Von fahrlässig bis vorsätzlich

Ob der wirkliche Schaden oder auch der entgangene Gewinn zu ersetzen ist, bestimmt sich nach der Schwere des Verschuldens: Bei **leicht fahrlässiger** Schadenszufügung ist nur der wirklich erlittene (Vermögens-)Schaden zu ersetzen, was auch Schadloshaltung genannt wird. Bei **grob fahrlässiger** oder gar **vorsätzlicher** Schadenszufügung ist neben dem erlittenen Schaden auch der entgangene Gewinn zu ersetzen, sogenannte volle Genugtuung. Bei Verstoß gegen ein Strafgesetz oder Handeln aus Mutwillen oder Schadenfreude ist darüber hinaus der **Wert der besonderen Vorliebe** zu ersetzen (Affektionsinteresse).

Höhe der Entschädigung vom Verschuldensgrad abhängig

Zu den Nichtvermögensschäden zählen vor allem Körperverletzung und Tötung. Körperverletzung ist jede Beeinträchtigung der körperlichen und geistigen Gesundheit und Unversehrtheit des Menschen. Es müssen aber keine äußerlich sichtbaren Verletzungen eingetreten sein; auch nervliche Schädigungen und starke Einwirkungen auf die Psyche sind Körperverletzungen. Nicht ersetzt wurden bis dato Schockschäden dritter Personen – wenn beispielsweise die Tochter einer Patientin einen schweren Schock erleidet, als ihr die Nachricht überbracht wird, dass die Mutter infolge einer zu hohen Medikamentendosis an einer Medikamentenvergiftung verstorben ist.

Das Gesetz sieht für die **Entschädigung von Körperverletzungen** vor, dass der Schädiger Heilungskosten, Verdienstentgang und Schmerzensgeld zu bezahlen hat. Demnach gebührt anders als bei Vermögensschäden schon ab leichter Fahrlässigkeit der volle Ersatz. Bei Körperverletzungen gibt es also keine Staffelung des Ersatzes nach Verschuldensgrad.

Heilungskosten

Heilungskosten sind alle Aufwendungen, die durch eine Körperverletzung verursacht wurden und in der Absicht gemacht werden, die Folgen der Körperverletzung zu beseitigen oder doch zu bessern. Zu ersetzen ist aber nur der **zweckmäßig** getätigte Aufwand, wozu beispielsweise gehört, dass entstellende Narben nachträglich durch eine kosmetische Operation verschönert werden.

Heilungskosten sind auch die Kosten einer durch Körperverletzung bedingten **Vermehrung der Bedürfnisse** des Geschädigten. Braucht ein Geschädigter z.B. die Hilfestellung dritter Personen (etwa einer Haushalts- oder Pflegehilfe) oder eine Wohnungsadaptierung (z.B. behindertengerechte Gestaltung oder Einbau eines Liftes), sind diese Kosten als Folge der Verletzung ebenfalls zu ersetzen. Dasselbe gilt für die Anschaffung eines entsprechend adaptierten Pkw bei einem als Folge der (Körper-)Verletzung querschnittgelähmten Patienten.

Verdienstentgang

Als **Verdienst** wird jedes (Arbeits-)Einkommen verstanden, sei es selbstständig oder unselbstständig erworben, nicht aber entgangener Gewinn. Der Verdienstentgang kann, anders als die Heilungskosten und das Schmerzensgeld, die immer **konkret** (= Differenz zwischen bisherigem und künftigem Einkommen des Geschädigten) zu berechnen sind, auch **abstrakt** (= objektive Minderung/Verringerung der Erwerbsfähigkeit) berechnet werden. Der Kläger hat sich für eine dieser Möglichkeiten zu entscheiden.

Zwei Berechnungsmethoden für entgangenen Verdienst

Einer durch ärztlichen Kunstfehler verletzten haushaltsführenden Ehefrau wird ein Ersatzanspruch für die Minderung ihrer Erwerbsfähigkeit zuerkannt (**Hausfrauenrente**). Dabei handelt es sich um keine abstrakte

Beispiel

Zweck des Behandlungsvertrags war die fachgerechte Aufklärung, Beratung und Betreuung der Mutter vor und bei der Geburt, um körperliche Schäden – und daraus allenfalls resultierende Vermögensschäden – von Mutter und Kind zu vermeiden. Dabei wird die Hintanhaltung eines Verdienstentgangs, den die Vertragspartnerin des Arztes deshalb erleidet, weil sie den Wiedereinstieg in ihren Beruf zwecks Pflege des durch einen Behandlungsfehler des Arztes behinderten Kindes verschieben muss, vom Zweck des Behandlungsvertrags gleichfalls erfasst. Ein Verdienstentgang der Mutter, der aufgrund der Pflege eines im Zuge der Geburt behinderten Kindes entsteht, ist daher kein mittelbarer Schaden.

Entschädigung

Beispiel für eine abstrakte Schadensberechnung ist die sogenannte abstrakte Rente: Jemand wird körperlich (schwer) verletzt (z.B. Verlust eines Auges), erleidet dadurch zunächst aber keinen (konkreten) Verdienstentgang, weil er dennoch gleich viel verdient wie vorher. Abstrakt ist diese Person (durch den Verlust des Auges) aber dennoch geschädigt und läuft Gefahr, künftig durch diese verbleibende Körperverletzung gegenüber anderen Arbeitnehmern am Arbeitsmarkt Nachteile zu erleiden. Würde man derartige Fälle nicht entschädigen, liefe das auf eine Entlastung des Schädigers hinaus, was nicht Ziel eines wohlverstandenen Schadenersatzes sein kann.

Rente, sondern um eine Entschädigung für konkreten Verdienstentgang, die unabhängig von der Einstellung einer Ersatzkraft gebührt. Ein solcher Ersatzanspruch ist also auch dann zu bejahen, wenn die Haushaltsarbeit von der Verletzten unter Mehraufwand von „Zeit und Mühe" selbst verrichtet wird.

Wird die Verfügbarkeit der **individuellen Arbeitskraft** des Verletzten unfallskausal beeinträchtigt, so stellt der entgehende Wert der Arbeitskraft einen Verdienstentgang dar. Der Schaden infolge des Verdienstentgangs entsteht in allen Bereichen, in denen der Verletzte nach dem – von ihm zu behauptenden und zu beweisenden – gewöhnlichen Lauf der Dinge seine Arbeitskraft ohne den Unfall und dessen Folgen eingesetzt hätte (z.B. Ersatz der entrichteten Geldbeträge für **Innenausbauarbeiten,** die er ohne den vom Beklagten zu vertretenden Kunstfehler selbst vorgenommen hätte).

Schmerzensgeld

Das Schmerzensgeld soll grundsätzlich eine einmalige Abfindung für Ungemach sein, das der Verletzte voraussichtlich zu erdulden hat. Mit dem (in Form einer Pauschalsumme entrichteten) Schmerzensgeld sollen alle Schmerz- und **Unlustempfindungen** abgegolten werden, und zwar **körperliche** wie **seelische.** Bewusstlosigkeit schließt Schmerzensgeld ebenso wenig aus wie Körperverletzungen, die keine Schmerzen ver-

Schmerzensgeld als Pauschale

ursachen (etwa rechtswidriger Freiheitsentzug in einem Krankenhaus). Beispielsweise sind 20.000 Euro Schmerzensgeld für die Folgen einer unerkannt und vorerst unbehandelt gebliebenen Schulterverletzung angemessen.

Werden die Schmerzen durch eine **Schmerztherapie** gemildert, so sind die unter Berücksichtigung der Schmerzmedikation ermittelten Schmerzperioden der Globalbemessung des Schmerzensgelds zugrunde zu legen. Negative Begleiterscheinungen einer Schmerztherapie können sich im Rahmen der Globalbemessung anspruchserhöhend auswirken.

Schmerzensgeld wird nur selten gesondert eingeklagt

Für eine (ausnahmsweise zulässige) Teileinklagung von Schmerzensgeld muss der Verletzte das Vorliegen besonderer Gründe dartun. Ebenso müssen auch besondere, vom Kläger darzulegende Umstände vorliegen, die es ihm (ausnahmsweise) gestatten, trotz bereits erfolgter Schmerzensgeldabgeltung im Sinn einer **Globalbemessung** eine ergänzende Bemessung mittels Nachklage mit Erfolg durchzusetzen. Solche besonderen Gründe liegen im nicht vorhersehbaren Auftreten von Unfallfolgen, die nach dem gewöhnlichen Lauf der Dinge ursprünglich nicht zu erwarten waren, also in einer nachträglichen Änderung des bei vorangegangener Globalbemessung zugrunde gelegten Sachverhalts im Sinn eines **atypischen Geschehensverlaufs.**

Schmerzensgeld wird nach dem Gesetz **nicht automatisch zugesprochen.** Es muss **verlangt** werden, worunter letztlich gerichtliches Geltendmachen verstanden wird. Seit einer höchstgerichtlichen Entscheidung im Jahre 1997 werden Schmerzensgeldansprüche aber nicht mehr als persönliche Ansprüche verstanden, sondern als normale Schaden-

Schmerzensgeld nach Fehler des Geburtshelfers

60.000 Euro Schmerzensgeld infolge eines Fehlers des Geburtshelfers, der eine Zerreißung im Bereich der Gebärmuttervorderwand samt Einreißen der die Gebärmutter versorgenden Arterien bewirkte, sind angemessen. Diese stehen der Klägerin für die erlittene „höchstmögliche existierende Schmerzbelastung" ab dem Uterusriss bis zur Operation sowie für die ausgeprägten Beschwerden als Folge der durch die Entfernung von Uterus und Eierstöcken bedingten Dysbalance des Hormonhaushalts zu.

Vererbbarer Anspruch

Ein sechsjähriges Mädchen erleidet bei einer Grillveranstaltung im Kindergarten durch grob fahrlässiges Verhalten der Kindergartenhelferin schwere **Verbrennungen**. **Die** Schmerzensgeldansprüche des in der Folge verstorbenen Kindes gehen, obwohl sie gerichtlich noch nicht geltend gemacht worden waren, (im Erbweg) auf die Eltern über.

ersatzansprüche, die **abtretbar, vererbbar** und **verpfändbar** sind. Das ist etwa dann von Bedeutung, wenn der Patient stirbt, bevor der Schmerzensgeldanspruch gerichtlich geltend gemacht oder vertraglich anerkannt werden konnte. Damit geht der Schmerzensgeldanspruch nunmehr auf die Erben über.

Hat ein Behandlungsfehler nur ein Maß an körperlichen Schmerzen verursacht, das mit dem im Fall sachgerechter Behandlung identisch ist, hat der rechtswidrig Handelnde für den Schaden nicht einzustehen. Das Schmerzensgeld wird durch Gegenüberstellung der konkreten und der fiktiven Behandlungs- und Folgeschmerzen ermittelt. Er haftet nur für ein **Mehr an Schmerzen.**

Das gilt etwa, wenn die Entbindung in jedem Fall hätte stattfinden müssen und die Gebärende bei rechtmäßigem Alternativverhalten des Arztes, nämlich der medizinisch indizierten Entbindung mit **Kaiserschnitt,** die gleichen körperlichen Schmerzen erlitten hätte wie bei der konkreten Entbindung. Ebenso wenn die Behandlung eines „beherdeten" Zahnes „unbedingt erforderlich" war. Der Zahn hätte also auf jeden Fall behandelt werden müssen. Die mit der **Extraktion des Zahnes** eingeleitete Sanierungsmethode stellte insofern keine Fehlbehandlung dar. Der Patient hätte allerdings, wäre er vom Arzt entsprechend belehrt worden, trotz einer Erfolgswahrscheinlichkeit von (nur) 50 Prozent die Alternative einer Wurzelbehandlung gewählt.

Ist ein Patient im Vorprozess von einer Globalabgeltung ausgegangen, so steht dies einer Nachbemessung nicht entgegen, solange er nicht auf die Geltendmachung weiteren Schmerzensgelds verzichtet hat. Ist beispielsweise das Ausmaß einer **Kniegelenksarthrose** sowie das Ausmaß und der Zeitpunkt der **Implantation einer Prothese** zum Zeitpunkt des Schlusses der mündlichen Verhandlung erster Instanz im Vorprozess

Schmerzensgeldansprüche sind vererbbar

Bemessung
der Höhe des
Schmerzensgel-
des ist abhängig
vom Einzelfall

noch nicht absehbar, so ist eine **ergänzende Schmerzensgeldbemessung** auf Grundlage der ergänzenden Feststellungen im Folgeprozess zulässig. 68.000 Euro (18.000 Euro und 50.000 Euro) Schmerzensgeld aufgrund erlittener und noch zu erwartender Schmerzen nach einer nicht fachgerecht behandelten Infektion – die infolge einer fachgerecht eingesetzten Kreuzbandplastik auftrat, zur Entfernung der eingesetzten Kreuzbandplastik und schließlich zu „Giving-away-Attacken" des Kniegelenks und zu weiteren Schäden führte – sind angemessen.

Ein Schmerzensgeld von 150.000 Euro sowie 15.000 Euro **Verunstaltungsentschädigung** infolge einer unterlassenen engmaschigen Kontrolle und umgehenden Behandlung der Augen, was praktisch von Geburt an eine **Erblindung** zur Folge hatte, sind angemessen. Mit dieser Erblindung sind gravierende Beeinträchtigungen der Entwicklung und auch beträchtliche psychische Belastungen verbunden. Die Komponente des psychischen Leids ist bei der Bewertung von Dauerfolgen stärker als früher in den Vordergrund zu rücken.

42.000 Euro Schmerzensgeld infolge einer bei Entfernung eines Tumors am Thymus schicksalshaft eingetretenen **Stimmlippenlähmung,** über die nicht aufgeklärt wurde, sind angemessen. Jede Verletzung ist in ihrer Gesamtauswirkung nach den besonderen Umständen des Einzelfalls zu betrachten und auf dieser Basis eine Schmerzensgeldbemessung vorzunehmen. Es sind insbesondere das Alter des Patienten in Relation zur prognostizierten Lebenserwartung und die psychischen Folgen der Beeinträchtigung der Stimme (z.B. psychische Veränderungen infolge einer hochgradigen Einschränkung der Lebensqualität aufgrund der nicht mehr verbesserungsfähigen, eingeschränkten Stimmfunktion sowie der Atem- und Schluckbeschwerden als Dauerfolgen) zu berücksichtigen.

20.000 Euro Schmerzensgeld für die Folgen einer unerkannt und vorerst unbehandelt gebliebenen **Schulterverletzung** sind angemessen. Der Zuspruch des Schmerzensgeldbetrags von 5.000 Euro für die durch den um sechs Monate **verzögerten Behandlungsbeginn** länger gegebenen physischen und psychischen Beeinträchtigungen hält sich im Rahmen der OGH-Rechtsprechung. Ebenso: Der Zuspruch eines Schmerzensgeldbetrags von 2.000 Euro aufgrund der jedenfalls zehn Minuten erlittenen starken seelischen Schmerzen in Form von Todesangst wegen einer allergischen Reaktion auf einen verabreichten Wirkstoff.

Verunstaltungsentschädigung

Kommt es infolge einer Körperverletzung zu einer Verunstaltung des Verletzten, hat der Verursacher auch dafür Ersatz zu leisten. Als Verunstaltung wird jede **nachteilige Veränderung des äußeren Erscheinungsbildes** eines Menschen verstanden. Dazu zählen etwa die Entstellung des Gesichtes, die Amputation eines Beines, Hinken, Verlust eines Fingers, Schielen, Sprachstörungen oder verbleibende Ungeschicklichkeiten. Es ist nicht erforderlich, dass die Verunstaltung Abscheu oder Mitleid erregt. Ersatzpflichten werden auch dann ausgelöst, wenn die Verunstaltung nur vorübergehend ist. **Achtung:** Der Ersatz besteht hier in der Regel in einem **Kapitalbetrag** und nur ausnahmsweise in einer Rentenzahlung. Eine Verunstaltungsentschädigung ist, wie grundsätzlich jeder Schadenersatzanspruch nach dem AGBG, ab leichter Fahrlässigkeit zu leisten.

Tötung

Führt eine Körperverletzung zum Tod, müssen nicht nur alle damit verbundenen Kosten (wie Bestattung) ersetzt werden, sondern auch den **Hinterbliebenen** (z.B. Kindern oder dem Ehegatten, allenfalls auch den Eltern), für deren **Unterhalt** der Getötete zu sorgen hatte, das, was ihnen dadurch entgangen ist. Wie bei der Körperverletzung sind auch in diesem Fall schon ab leichter Fahrlässigkeit Heilungskosten, Verdienstentgang und Schmerzensgeld zu ersetzen.

Unterhaltsansprüche bei tödlichem Behandlungsfehler

Der Anspruch auf entgangenen Unterhalt besteht so lange und in dem Umfang, als der Getötete nach dem Gesetz für den Unterhalt seiner Hinterbliebenen zu sorgen gehabt hätte; also z.B. bei Kindern bis zur Erreichung der Selbsterhaltungsfähigkeit. Eine allfällige Rente wird für die wahrscheinliche Lebensdauer des Getöteten zugesprochen.

Ursächlicher Zusammenhang (Kausalität)

Der Fehler des Arztes muss den Schaden beim Patienten verursacht haben. Gerade dieser Nachweis ist oft sehr schwierig, denn eine „Ver-

Fehlende Aufklärung

Wurde eine Patientin über ein bestehendes Operationsrisiko vom Arzt nicht aufgeklärt, obwohl das Gesetz dies verlangt, stellt das eine Schutzgesetzverletzung dar. Der Eintritt dieses Risikos wird nicht als (vom Geschädigten zu tragender) Zufall angesehen, selbst wenn ein Verschulden des operierenden Arztes fehlt. So etwa, wenn sich das bei Kropfoperationen bestehende (objektive) Risiko einer Stimmbandlähmung verwirklicht.

knüpfung von schadensverursachenden Umständen, die außerhalb der erfahrungsgemäßen Wahrscheinlichkeit liegen" erachten die Gerichte als **Zufall.** Die Folgen eines solchen Zufalles sind jedoch einem Arzt nicht zuzurechnen. Der Beweis ist beispielsweise nicht gelungen, wenn auch eine frühere **Gastroskopie** und ein früheres Erkennen des **Karzinoms** nicht mit einer größeren **Heilungschance** verbunden gewesen wären.

Komplexe Kausalitätsfragen bei Arzthaftung

Denkbar ist aber eine Haftung des Arztes trotz **ungeklärten Kausalablaufs.** Gemeint ist der Fall der Nichtfeststellbarkeit einer hohen Wahrscheinlichkeit der Kausalität des ärztlichen Fehlverhaltens. Den potenziell kausal, konkret und gefährlich handelnden Schädiger (Arzt) trifft insofern eine Teilhaftung. Das gilt auch bei Konkurrenz einer potenziellen Schädigung durch einen Aufklärungsfehler des Arztes mit einer beim Patienten bestehenden Veranlagung **(Grauer Star).** Da wie dort hätte ein pflichtgemäßes Verhalten des Arztes den Schaden vermieden. Es muss nur feststehen, dass der Patient bei ordnungsgemäßer Aufklärung von der Operation Abstand genommen hätte.

Steht ein Fehler (z.B. sorgfaltswidrige Unterlassung einer Antibiotikaprophylaxe) fest, der die Wahrscheinlichkeit eines Schadenseintritts unzweifelhaft **nicht bloß unwesentlich** erhöht hat (z.B. 66- bis 75- prozentige Wahrscheinlichkeit der Verhinderung der erlittenen nachteiligen Folgen), so hat der aus dem Behandlungsvertrag Belangte zu beweisen, dass die ihm zuzurechnende Sorgfaltsverletzung „mit größter Wahrscheinlichkeit" nicht kausal für den Schaden des Patienten war.

Das sorgfaltswidrige Verhalten muss den geltend gemachten Schaden verursacht haben. Dafür trifft grundsätzlich den Patienten die Beweislast. Ist durch die Verletzung der Aufklärungspflicht im Einzelfall bloß von einer **unwesentlichen Gefahrenerhöhung** auszugehen, weshalb keine Beweislastumkehr stattfindet, so ist das vertretbar. Kann nicht festgestellt werden, ob eine Vorschädigung bestand, geht dies wegen der den Patienten treffenden Behauptungs- und Beweislast für die Kausalität zu seinen Lasten.

Ein „**Anlagefall**" liegt vor, wenn zum Zeitpunkt des schädigenden Ereignisses bereits eine dem Geschädigten innewohnende (konstitutionelle) Schadensanlage bestand, die später zum gleichen Schaden geführt hätte, oder wenn eine durch den Schädiger unmittelbar herbeigeführte Verletzung (erst) zusammen mit einer besonderen Veranlagung des Geschädigten für die Schwere der Verletzungsfolgen bestimmend war. Diese Fälle sind unter dem Gesichtspunkt der **Adäquanz** zu beurteilen und werden so gelöst, dass der Schädiger selbst dann, wenn zwei Umstände nur zusammen die Schwere des Verletzungserfolgs bedingen, für den gesamten Schaden verantwortlich ist. Krankheitserscheinungen, die durch einen Unfall nur deshalb ausgelöst wurden, weil die Anlage zur Krankheit bei dem Verletzten bereits vorhanden war, sind im Sinn der Adäquanz in vollem Umfang Unfallfolge, sofern die krankhafte Anlage nicht auch ohne die Unfallverletzung in absehbarer Zeit den gleichen gesundheitlichen Schaden herbeigeführt hätte.

Von Anlageschäden zu unterscheiden sind Fälle, in denen eine körperliche Vorschädigung des Patienten und ein ihr nachfolgender ärztlicher Behandlungsfehler einen bestimmten Gesamtschaden verursachen, der durch keine dieser Ursachen allein, sondern nur durch ihr **Zusammenwirken** herbeigeführt werden konnte. Hier haftet der Arzt nicht für die

Vergessener Tupfer

Operiert ein Arzt am Blinddarm und erleidet der Patient später im Zuge eines Magendurchbruchs einen dauernden Schaden, fehlt jeglicher Kausalzusammenhang zwischen Blinddarmoperation und späterem Schaden. Vergisst aber der Arzt bei der Operation, einen Tupfer zu entfernen, und hat dies gesundheitliche Folgen, so hat der Arzt eine **adäquate** Schadensursache gesetzt.

Folgen einer schon vor Behandlungsbeginn bestehenden **Grundschädigung,** sondern nur für jenen weiterer Schaden, der durch sein Fehlverhalten verursacht wurde. Voraussetzung dafür ist, dass in ihren natürlichen Ursachenzusammenhängen abgrenzbare Teilschäden feststellbar sind; sind die Schäden nicht abgrenzbar, so ist von einem Gesamtschaden auszugehen, den je zur Hälfte der Arzt und der Geschädigte zu tragen haben.

Keine Haftung bei atypischer Kausalität

Gefragt wird nach der Wahrscheinlichkeit und der Vorhersehbarkeit einer Verursachung und dem daraus erfolgten Schadenseintritt. Ausgeschlossen werden sollen damit **atypische Kausalverläufe** (z.B. leichter Schlag auf den Kopf führt zum Schädelbruch, weil der Geschädigte einen sogenannten Papierschädel hat).

Das Feststellen des Ursachenzusammenhangs ist in der Praxis insbesondere dann schwierig, wenn **mehrere Schädiger** infrage kommen: Etwa, wenn zwei Ärzte unabhängig voneinander eine falsche Medizin verschreiben, aber sich nicht mehr aufklären lässt, wessen Rezept der Patient eingelöst hat. Oder wenn ein Operateur nachweislich einen Fehler begangen hat und ein Pfleger den Patienten durch Unachtsamkeit zusätzlich schädigt (z.B. der Patient fällt beim Umbetten aus dem Bett). Oder wenn ein Unfallverletzter einen Kopftumor hatte, der erst im Rahmen der Unfallversorgung entdeckt wird. In solchen Fällen kommen Solidarhaftung wie Schadensteilung und Anteilshaftung in Betracht.

Aufgabenteilung zwischen Belegarzt und Belegspital

Der **Belegarzt** hat die ihm obliegende Behandlung des Patienten (einschließlich der notwendigen Nachbehandlung) eigenverantwortlich, im eigenen Namen und auf eigene Rechnung durchzuführen. Der Belegarzt ist befugt, den Patienten im **Belegspital** zu operieren und, solange eine stationäre Behandlung erforderlich ist, dort nachzubehandeln und vom Spitalspersonal betreuen zu lassen. Zur Durchführung der Operation hat das Belegspital seine Räumlichkeiten, Apparate und Instrumente entsprechend zur Verfügung zu stellen. Dem Belegarzt wird grundsätzlich auch die Mitwirkung nachgeordneter Ärzte, Schwestern und

Pfleger zugesagt. Soweit dies der Fall ist, unterstehen diese Personen im Rahmen der Behandlung des Patienten den Weisungen und Anordnungen des Belegarztes. Aufgabe des Belegspitals ist es hingegen, den Patienten unterzubringen, zu verpflegen und die für die Durchführung der stationären Behandlung des Patienten durch den Belegarzt erforderlichen Hilfen zur Verfügung zu stellen, soweit dies nicht der Belegarzt selbst besorgt.

Die im Belegarztvertrag erkennbare **Aufgabenteilung** führt gegenüber dem Patienten zu einer entsprechenden **Aufspaltung der Leistungspflichten** des Belegarztes einerseits und des Belegspitals andererseits. Wie der Oberste Gerichtshof bereits ausgesprochen hat, ist es allerdings möglich, dass die Pflichtenkreise des Belegarztes und des Belegspitals einander überschneiden. Dass zwischen den Patienten und dem Belegspital ein Krankenhausvertrag besteht, schließt keineswegs aus, dass Spitalsangestellte als **Erfüllungsgehilfen** des Belegarztes agieren. Dies gilt nicht nur im Rahmen einer vom Belegarzt durchzuführenden Operation, sondern auch im Rahmen der Operationsvorbereitung, aber auch im Rahmen der Behandlung operationskausal auftretender Komplikationen. Ob im Einzelfall eine solidarische Haftung sowohl des Belegarztes als auch des Krankenhausträgers zu bejahen ist, hängt hierbei stets von den konkreten Umständen ab und lässt sich daher nicht generell beurteilen.

Solidarhaftung von Belegarzt und Krankenhausträger

Hinweis

Unter Belegärzten versteht man niedergelassene Fachärzte, welche ihre Patienten im Rahmen ihrer selbstständigen Berufsausübung in privaten Krankenanstalten (Belegspitälern) behandeln, die nicht von ihnen selbst betrieben werden. Laut Rechtsprechung kann Belegärzte eine Erfüllungsgehilfenhaftung sowohl für spitalsexterne als auch für spitalsinterne (der Behandlung beigezogene) schuldhaft handelnde Fachärzte und Pflegekräfte treffen. Für das Verschulden des spitalseigenen Personals könnte es aber auch bei der solidarischen Haftung des Belegarztes mit dem Träger des Belegspitals bleiben.

Verschulden

Meist ist im Streitfall der Arzt dem Vorwurf der **Fahrlässigkeit** ausgesetzt. Fahrlässig handelt ein Arzt dann, wenn er vom Sorgfaltsmaßstab eines sorgfältigen Arztes abweicht. Es handelt sich also um ein vorwerfbares, weil vermeidbares Verhalten, aus dem ein Schaden zwar bloß aus Versehen, aber immerhin durch schuldhafte Unwissenheit oder infolge zu geringer Aufmerksamkeit entsteht. Von Verschulden kann aber nur gesprochen werden, wenn sich der betroffene Arzt rechtmäßig hätte verhalten können.

Grobe Fahrlässigkeit ist anzunehmen, wenn ein Arzt ungewöhnlich und auffallend nachlässig gehandelt hat und der Eintritt des Schadens wahrscheinlich vorhersehbar war. Das wäre anzunehmen, wenn er etwa einem Neugeborenen eine falsche Injektion verabreicht. **Leichte** Fahrlässigkeit liegt vor, wenn es sich um eine gewöhnliche Nachlässigkeit handelt, die auch einem an und für sich sorgfältigen Menschen unterlaufen kann; so, wenn beispielsweise ein Pfleger nach einer schwierigen endoskopischen Untersuchung das künstliche Gebiss einer Patientin zusammen mit diversem Abfall versehentlich in den Müllkübel befördert.

Mit- und Eigenverschulden

Oft spielt **Mitverschulden** eine wichtige Rolle. Es gibt nämlich immer wieder Konstellationen, bei denen auch der Geschädigte zum Eintritt des Schadens schuldhaft beigetragen hat; auch **Eigenverschulden** genannt. Das ABGB umschreibt dies folgendermaßen: Wenn bei einer Beschädigung zugleich ein Verschulden vonseiten des Beschädigten eintritt, so

Mitverschulden muss nachgewiesen werden

Mitschuld

Wirkt ein Patient etwa beim Heilungsprozess nicht im notwendigen Maße mit, hält er z.B. den Therapieplan (Diätplan) nicht ein, beachtet er die auf dem Beipackzettel des verschriebenen Medikamentes enthaltenen Warnhinweise nicht oder nimmt er das Medikament nicht entsprechend den ärztlichen Anweisungen ein, so kann dies ein Mitverschulden des Patienten begründen. Die Behauptungs- und Beweislast für das Mitverschulden des Patienten trägt aber der Arzt bzw. der Krankenanstaltsträger.

trägt er mit dem Beschädiger den Schaden verhältnismäßig; und wenn sich das Verhältnis nicht bestimmen lässt, zu gleichen Teilen.

Der geschädigte Patient ist auch verpflichtet, seinen Schaden so gering wie möglich zu halten und die (Schadens-)Folgen nicht durch das Unterlassen schadensmindernder Maßnahmen zu vergrößern **(Schadensminderungspflicht).** Der Geschädigte hat dabei die zumutbaren Maßnahmen von sich aus und ohne Rücksicht auf das Verhalten des Schädigers zu setzen.

Ein an seinem Körper Verletzter verstößt gegen seine Schadensminderungspflicht, wenn er trotz des ausdrücklichen Hinweises durch den Arzt und vonseiten des Krankenhauses auf die Wichtigkeit einer ihm zumutbaren Heilbehandlung (z.B. der verordneten Ergotherapie), durch die seine Beschwerden verbessert werden könnten (innerhalb eines Zeitraums von wenigen Monaten hätten sich die Beschwerden z.B. „um die Hälfte" gebessert), diese verweigert (etwa, weil er niemanden für die **Hundebetreuung** hat). Er hat die von ihm zu vertretende Schadenserhöhung allein zu tragen.

> Patient darf Eintritt des Schadens nicht „provozieren"

Rechtswidrigkeit

Rechtswidrigkeit setzt immer einen **Normverstoß** voraus. Für die Feststellung, ob ein Verhalten rechtmäßig oder rechtswidrig war, sind alle Normen unseres Rechtssystems heranzuziehen: Gesetze (z.B. Ärztegesetz), Verträge (z.B. Behandlungsvertrag), aber auch die guten Sitten (§ 879 ABGB).

Narkose verboten

Eine erst in Fachausbildung stehende Ärztin darf eine Narkose nicht alleine verabreichen. Diese Vorschrift soll spezifische Schäden durch nicht hinreichend ausgebildetes Personal vermeiden. Geschieht dies dennoch und fügt sie dabei z.B. durch Unterlassung einem Patienten Schaden zu, weil sie bestimmte Verhaltensregeln noch nicht kennt, haftet die Krankenanstalt für ihre (also der Ärztin) Unterlassung, weil just jener Schaden eingetreten ist, der hätte vermieden werden sollen. Diesfalls ist also ein Rechtswidrigkeitszusammenhang anzunehmen.

Vorbereitung eines Prozesses

Der Gang vor ein Gericht stellt für den medizinischen und juristischen Laien auch heute noch ein Wagnis dar. Um das **Prozessrisiko** gering zu halten, sind umfangreiche **Vorarbeiten** notwendig, damit die Erfolgsaussichten einer Klage einigermaßen bewertet werden können.

Nicht jeder Behandlungsfehler begründet eine Arzthaftung

Trotz des rasanten medizinischen Fortschrittes übersteigen die Erwartungen in die medizinische Heilkunst häufig das, was die Medizin tatsächlich zu leisten vermag. Es ist daher Vorsicht dabei geboten, übereilt eine ärztliche Fehlleistung anzunehmen. Eine ungünstige Konstitution (schlechter Allgemeinzustand, Immunschwäche etc.) senkt nun einmal die Erfolgsaussichten einer Behandlung. Ärzte sprechen bei unverschuldetem Misslingen einer Therapie gerne von einem „schicksalshaften Behandlungsverlauf".

Erhärtet sich der Verdacht gegen den Arzt, so werden die ersten Recherchen der Beweissicherung dienen (Ablichtung der Krankengeschichte etc.). Details zu den weiteren Schritten wie Konsultation eines zweiten Arztes und Einholung eines Gutachtens finden Sie im Kapitel „Misserfolg der Behandlung, Behandlungsfehler" (▶ Seite 127ff).

In jedem Fall empfiehlt es sich, eine Beratungsstelle aufzusuchen, die bei allen Vorarbeiten Hilfestellung gewährt und sich bemüht, eine gütliche Einigung mit dem Arzt herbeizuführen. Schlussendlich kann ein Rechtsanwalt damit beauftragt werden, außergerichtliche Vergleichsverhandlungen mit dem Arzt bzw. mit dessen Haftpflichtversicherung aufzunehmen oder Schadenersatzklage einzubringen.

Sichern der Beweismittel

Ein nicht unerheblicher Teil der Arzthaftungsprozesse wird verloren, weil der Patient die tatsächlich gegebenen Behandlungsfehler nicht beweisen kann. Beweismittel werden sehr häufig entweder gar nicht, nicht richtig oder nicht rechtzeitig gesichert. Sichern Sie daher beim geringsten Behandlungsfehlerverdacht möglichst **frühzeitig** und **umfassend** alle Beweismittel!

Geben Sie Beweismittel auf keinen Fall aus der Hand! Das gilt insbesondere für z.B. fehlerhaft gefertigte oder ausgewählte Prothesen und ähnliche Hilfsmittel. Im Nachhinein lässt sich sonst der Fehler ohne Vorlage des damals verordneten Originals nur schwer nachweisen. Falls Sie jedoch eine Rückgabe nicht vermeiden können, empfiehlt sich dringend die vorherige Anfertigung von Fotos oder Videos – im Idealfall durch neutrale Dritte (= optimale Zeugen).

Auf Fehler achten

Lesen Sie die Arztbriefe und andere Krankenunterlagen sorgfältig (oder lassen Sie sich diese erläutern) und achten Sie auf eine lückenhafte oder unzutreffende Darstellung Ihres Gesundheitszustandes oder Ihrer Äußerungen. Falls Sie **Fehler** (z.B. sind Untersuchungen eingetragen, die gar nicht durchgeführt wurden) in den Unterlagen entdecken, bestehen Sie den Ärzten gegenüber hartnäckig auf einer umgehenden **Korrektur.** Falls man dem nicht nachkommen möchte, weisen Sie die Klinikleitung und Ihre Krankenkasse umgehend schriftlich auf die unzutreffende Darstellung hin, und zwar so, dass diese sich dazu äußern müssen (z.B. in Form einer Frage, was nun weiter zu tun sei etc.). Lassen Sie von einem anderen Arzt in engem zeitlichen Zusammenhang Ihren aktuellen Zustand feststellen und sich dessen Befund in Kopie aushändigen.

Dazu ein Beispiel: Ein normalerweise zweistündiger Eingriff hat bei Ihnen fünf Stunden gedauert. Allein das kann in der Regel als deutliches Indiz für intraoperative Komplikationen auf Chirurgen- oder Anästhesistenseite gewertet werden. Wird die ungewöhnlich lange Dauer der

Vollständigkeit und Richtigkeit der Krankenunterlagen prüfen

Schweigen statt reden

Falls Sie den Verdacht einer Manipulation der Behandlungsunterlagen haben, behalten Sie diesen unbedingt für sich. Leisten Sie sich keine unvorsichtige Äußerung gegenüber irgendwelchen Mitarbeitern der entsprechenden Praxis/Klinik bzw. gegenüber anderen beteiligten Stellen. Wenden Sie sich lieber direkt an einen Anwalt oder einen unabhängigen Mediziner, um dem Verdacht auf geeignete Weise nachzugehen.

Operation anschließend weder im Anästhesieprotokoll vermerkt noch Ihnen gegenüber angesprochen, spricht einiges für das Vorliegen eines Behandlungsfehlers. Das gilt auch, wenn in einem derartigen Fall im Operationsbericht ein ganz gewöhnlicher Verlauf des Eingriffs beschrieben wird. Sofern Sie unsicher sind, ob in Ihrem Fall alles zutreffend dokumentiert ist, lassen Sie die Unterlagen am besten von einem unabhängigen Mediziner prüfen.

Wozu der ganze Aufwand gut sein soll? In den meisten Fällen kann man getrost darauf verzichten. Steht jedoch der Vorwurf eines Behandlungsfehlers im Raum, ist die in sämtlichen **Details** zutreffende Wiedergabe des Behandlungsgeschehens von äußerster Wichtigkeit. Denn bei der Beurteilung medizinischer Sachverhalte geht jeder Gutachter in erster Linie von der ihm vorliegenden Behandlungsdokumentation aus. Nach diesen Aufzeichnungen entscheidet sich in aller Regel, ob eine Fehlbehandlung bejaht oder verneint wird. Entsprechen die Eintragungen nicht den tatsächlichen Gegebenheiten, ist es für den Patienten äußerst schwierig, dies nachträglich zu beweisen.

Beweisregeln im Arzthaftungsprozess

Erfüllung der Aufklärungspflicht hat der Arzt zu beweisen

Dass ein ersatzfähiger Schaden eingetreten ist, muss vom Geschädigten nicht nur **behauptet,** sondern auch **bewiesen** werden. **Beweislast** heißt allgemein, wer in einem Prozess – bei sonstigem Prozessverlust – **was** zu beweisen hat. Die Beweislast für die Erfüllung der ärztlichen Aufklärungspflicht trifft die Ärzte. Ist die mangelnde Aufklärung belegt, muss der Arzt beweisen, dass der Patient auch bei ausreichender Aufklärung seine Zustimmung erteilt hätte. Die ärztliche Aufklärungspflicht reicht umso weiter, je weniger der Eingriff aus der Sicht eines vernünftigen Patienten vordringlich oder gar geboten ist. Hier ist die ärztliche Aufklärungspflicht im Einzelfall selbst dann zu bejahen, wenn erhebliche nachteilige Folgen wenig wahrscheinlich sind. Steht aber fest, dass sich ein Patient auch bei gehöriger Aufklärung der gewählten Behandlung unterzogen hätte, spielt es keine Rolle, wen die Beweislast trifft.

Beweislastumkehr

In der Regel muss der Geschädigte behaupten und beweisen, dass er einen Schaden erlitten hat. Unter bestimmten Voraussetzungen kommt es aber zur Beweislastumkehr. Dies ist der Fall, wenn keine ausreichende Krankengeschichte geführt wurde oder diese, was leider nicht selten vorkommt, unauffindbar ist, wodurch Behandlungsabläufe unaufgeklärt bleiben. Hier trifft den Arzt die Beweislast für sein Nichtverschulden. Der Beweis dafür wird ihm kaum gelingen, weshalb er im Prozess in der Regel unterliegt.

Eine Verschiebung des **Beweisthemas** und der **Beweislast** im Sinn des sogenannten **Anscheinsbeweises** ist möglich. Ein solcher Beweis kann bei mit erwiesenen Fehlern (z.B. Vergessen eines Tupfers im Bauchraum) möglicherweise zusammenhängenden Gesundheitsschäden des Patienten angenommen werden. Beim Anscheinsbeweis genügt es, dass bloß „überwiegende" Gründe für die Verursachung des Schadens sprechen. Der Anscheinsbeweis („prima-facie-Kausalität") wird aber entkräftet, wenn Tatsachen bewiesen werden, aus denen die konkrete Möglichkeit eines anderen Geschehensablaufs erschlossen werden kann.

> Anscheinsbeweis durch Gegenbeweis entkräftet

Beispielsweise kann der Anscheinsbeweis hinsichtlich der Kausalität der **Bluttransfusionen** für die Erkrankung einer Patientin sachgerecht sein. Der OGH bejahte den Anscheinsbeweis auch schon im Fall einer Blutspende (in den 1970er-Jahren) als Beweis der Kausalität für eine nachfolgende **Hepatitis-C-Erkrankung.** Von der Beweispflicht des

Beweislastumkehr bei Dokumentationsfehler

Auch für **Hebammen** und andere medizinische Berufe greift bei Verletzung der Dokumentationspflicht eine Beweislastumkehr in Bezug auf Umstände, die für den Schadenseintritt erheblich sein können (z.B. fehlende Dokumentation der Sklerenfarbe für die Feststellung einer Neugeborenengelbsucht). Aufgrund der Dokumentationspflichtverletzung hat der beklagte Krankenanstaltenträger nachzuweisen, dass zum Zeitpunkt der Untersuchung keinerlei auch nur unspezifische Auffälligkeiten vorlagen bzw. dass die erwiesene Vertragsverletzung im konkreten Fall für die nachteiligen Folgen mit größter Wahrscheinlichkeit unwesentlich geblieben ist.

Patienten kann hinsichtlich der Kausalität insbesondere bei ärztlichen Behandlungsfehlern ausgegangen werden, weil hier nicht dem Patienten, sondern dem zur Haftung herangezogenen Arzt die Mittel und die Sachkunde zum Nachweis zur Verfügung stehen.

Der OGH verlangt aber vom Geschädigten, dass dieser zuerst dem Arzt eine objektive Pflichtverletzung nachweist. Erst aus dem objektiven Beweis eines ärztlichen Behandlungsfehlers wird subjektiv (bis zum Beweis des Gegenteils) auf eine Verletzung der Sorgfaltspflicht des Arztes **Beweis-** geschlossen. Für den Patienten ist es aber oft schwierig, einem Arzt einen **schwierigkeiten** Behandlungsfehler nachzuweisen. Steht etwa fest, dass die gewählte Operationstechnik den Regeln der ärztlichen Kunst entspricht, so kann der Umstand, dass ein Sachverständiger im Gerichtsverfahren im Nachhinein eine andere Operationstechnik als „vernünftiger" beurteilt, eine Haftung nicht begründen.

Das Unterbleiben der Aufklärung über unterschiedlich hohe **Rückfallraten** von alternativen Behandlungsmethoden führt nicht dazu, dass der belangte Arzt nach einer lege artis (nach aktuellem Stand der Wissenschaft) gewählten und durchgeführten Behandlung den Beweis erbringen müsste, dass es auch bei jener Behandlungsmethode, die nach einer ordnungsgemäßen Aufklärung gewählt worden wäre, zu einem Rückfall gekommen wäre. Eine solche Beweislastumkehr wäre eine Überspannung des Schadenersatzrechts, weil dies eine Haftung wegen des Vorliegens einer Aufklärungspflichtverletzung begründen würde.

Lehrreich ist in diesem Zusammenhang das Sprichwort: „Recht haben und recht bekommen ist zweierlei!" Gemeint ist damit: Ich kann recht haben, bekomme aber dennoch nicht recht vor Gericht, wenn ich meinen Anspruch nicht beweisen kann. Bevor man zu Gericht geht (klagt), ist daher stets genau zu überlegen, ob man auch beweisen kann, was man beweisen muss.

Verjährungsfragen

Es ist eine Eigenart des Rechts, dass Ansprüche nur innerhalb einer bestimmten Zeit (Frist) geltend gemacht werden können. Das gilt auch für Schadenersatzansprüche. Verjährung bedeutet demnach: Rechtsverlust durch Nichtausübung eines Rechts während einer bestimmten Zeit. Schadenersatzansprüche verjähren grundsätzlich innerhalb einer Frist von drei Jahren.

Die Verjährungsfrist beginnt, sobald das Recht „an sich schon hätte ausgeübt werden können" – das heißt, mit der Möglichkeit des Geltendmachens seines Rechts mittels Klage. Die Verjährungsfrist beginnt also mit Kenntnis des Schadens und des Schädigers zu laufen.

Drei Jahre
Verjährungsfrist

Der geschädigte Patient muss nach der Rechtsprechung ohne nennenswerte Mühe auf ein Verschulden seines Arztes schließen können, also den Schaden und den Schädiger so weit kennen, dass eine **Klage mit Aussicht auf Erfolg** erhoben werden kann. Eine bloße Mutmaßung über das Vorliegen verschuldensbegründender Umstände reicht nicht aus.

Ist ein Patient zwar subjektiv vom Vorliegen eines Schadens (z.B. **Kieferbruch** im Zuge der Einzementierung einer Zahnbrücke) überzeugt, standen ihm zum damaligen Zeitpunkt aber keine medizinischen Unterlagen zur Verfügung, die eine Objektivierung seiner Ansicht ermöglicht hätten (z.B. infolge eines **unrichtigen Sachverständigengutachtens**), so beginnt die Verjährungsfrist so lange nicht zu laufen, als die objektive Unkenntnis andauert (z.B. bis zur Anfertigung einer MRT), mögen auch Schaden und Person des möglichen Ersatzpflichtigen an sich bekannt gewesen sein. Sucht der Patient zwischen Vorprozess und Einbringung der Klage gegen den beklagten Sachverständigen „unzählige Ärzte in ganz Österreich" auf, um den Schaden beweisen zu können, ist er seiner **Erkundigungsobliegenheit** nach den für eine Erfolg versprechende Anspruchsverfolgung notwendigen Voraussetzungen nachgekommen.

Wird dem Patienten beispielsweise nach Vorliegen eines auf „Goldallergie" lautenden Testergebnisses ein „allfälliger", also bloß möglicher Zusammenhang zwischen seinen Beschwerden und dem Einsetzen seiner „Goldkronen" bewusst, beginnt die Verjährungsfrist erst ab jenem Zeitpunkt zu laufen, zu dem die „Goldkronen" durch Vollkeramikkronen **ersetzt** werden, worauf eine deutliche Besserung der Beschwerden eintritt.

Stützt ein Patient sein Begehren alternativ auf verschiedene Sachverhaltsvarianten (z.B. Behauptung zweier verschiedener Behandlungsfehler, die jeweils für sich allein den Schaden verursacht hätten), liegen in Wahrheit **zwei Ansprüche** vor, die auch **verjährungsrechtlich getrennt** zu beurteilen sind. Ist ein Patient vom Vorliegen eines Behandlungsfeh-

Dreijährige Frist

Werden die Folgen einer durchgeführten Operation dem Patients beispielsweise erst nach fünf Jahren bekannt, beginnt die Verjährungsfrist erst damit, das heißt nach fünf Jahren, zu laufen und Verjährung tritt insgesamt erst acht Jahre nach dem Schadensereignis ein. Erfährt eine Patientin erst zwei Jahre nach der Operation, dass man ihr nicht nur die **Eileiter** entfernt hat, sondern auch die **Gebärmutter entfernt** wurde, obwohl dies nicht vereinbart und auch medizinisch nicht indiziert war, beginnt auch hier die dreijährige Verjährungsfrist erst mit Kenntnis dieses Umstandes zu laufen. Anders liegt der Fall, wenn ein **Patient weiß, dass** eine Operation nicht gelungen ist, und dennoch (viele Jahre) nichts unternimmt.

lers subjektiv überzeugt, so wird damit noch nicht die Verjährungsfrist in Gang gesetzt. Den Patienten kann aber eine **Erkundigungspflicht** treffen, Schritte zur Objektivierung seiner „Überzeugung" zu setzen. Dieser Obliegenheit kann er auch dadurch nachkommen, dass er sich zur Durchsetzung seiner behaupteten Ansprüche an die Patientenvertretung wendet. Ist der Geschädigte **Laie** und setzt die Kenntnis des Kausalzusammenhangs und die Kenntnis der Umstände, die das Verschulden begründen, **Fachwissen** voraus, so beginnt die Verjährungsfrist erst zu laufen, wenn der Geschädigte durch ein **Sachverständigengutachten** Einblick in die Zusammenhänge erlangt hat. Hätte ein in einem Schlichtungsverfahren eingeholtes Gutachten objektive Anhaltspunkte für einen Kunstfehler ergeben, wäre dadurch die Verjährung in Gang gesetzt worden.

Ist einem Patienten der Schaden oder die Person des Schädigers nicht bekannt geworden, verjährt bzw. erlischt sein Schadenersatzanspruch endgültig, also absolut, erst nach **dreißig Jahren.**

Hemmung der Verjährung

Außergerichtliche Verhandlungen hemmen Verjährungsfrist

Der Verlauf der Verjährungsfrist wird **gehemmt,** das heißt, die bereits laufende Verjährungsfrist wird vorübergehend angehalten, wenn z.B. zwischen dem geschädigten Patienten und der Haftpflichtversicherung des Arztes Schadenersatzverhandlungen (im Sinne von **Vergleichsverhandlungen**) geführt werden. Um solche Verhandlungen nicht zeitlich

Fristunterbrechung

Wichtig! Auch das Anrufen einer **Schlichtungsstelle** oder **Gutachterkommission** hemmt die Verjährungsfrist. Diese Tatsache wird immer wieder unrichtig dargestellt.

unter Druck zu setzen, beginnt die Verjährungsfrist erst **nach** Beendigung, also etwa mit dem Scheitern dieser Verhandlungen zu laufen. Diese Rechtsprechung des OGH hatte einen realen Anlass: Eine Versicherungsgesellschaft hatte lang und hinhaltend verhandelt, um nach Ablauf von drei Jahren festzustellen, dass nun der Anspruch verjährt sei. Dieser unseriösen Vorgangsweise trat der OGH entgegen. Bei Wegfall des Hemmungsgrundes läuft die Verjährungsfrist unter Einrechnung der bereits abgelaufenen Zeit weiter.

Nach dem Ärztegesetz sollen die nach Behandlungsfehlern geführten Vergleichsgespräche vor ärztlichen Schlichtungsstellen oder vergleichbaren Einrichtungen den „Ablauf" der Verjährung hemmen. Diese **Fortlaufshemmung** bedeutet, dass die Hemmung ab ihrem Eintritt **höchstens 18 Monate** dauern darf. Die Hemmung des Laufes der Verjährungsfrist kann mit dem Tag enden, an welchem die befasste ärztliche Schlichtungsstelle eine schriftliche Erklärung abgibt, dass sie die Vergleichsverhandlungen als gescheitert ansieht. Eine vom Vorsitzenden der Schlichtungsstelle geäußerte und in dieser Form in einem Protokoll festgehaltene Meinung, dass kein Schadenersatzanspruch bestehe und „keine Empfehlung an die Versicherung gegeben werden" könne, genügt dem nicht.

Fortlaufs-hemmung zeitlich begrenzt

Kostenfragen

Beim **zivilgerichtlichen Verfahren** muss der Patient den Arzt auf Schadenersatz klagen. Das bedeutet für den Patienten vorerst einmal eine finanzielle Belastung. Er ist wahrscheinlich ein juristischer und medizinischer Laie, der zur Durchsetzung seiner Ansprüche einen Rechtsanwalt braucht. Das kostet Geld.

Mühsam und teuer

Der Zivilrechtsweg ist für den Patienten häufig schwierig. Er ist unter Umständen mit beträchtlichem finanziellen Aufwand verbunden, und der Nachweis eines rechtswidrigen und schuldhaften Verhaltens des Arztes ist mitunter schwer zu erbringen.

Außerdem ist der Ausgang des Gerichtsverfahrens nicht unbedingt Erfolg versprechend, und zwar aus folgendem Grund: Der Patient muss als Kläger den Schaden und die Kausalität desselben beweisen. Die Beweislast für die Patientenaufklärung trägt der Arzt.

Gewöhnlich muss ein medizinisches **Gutachten** erstellt werden. Die Kosten für dieses Gutachten muss vorerst der Kläger (also der Patient) tragen, er bekommt sie erst im Falle des Prozessgewinnes zurückerstattet.

Keine leichte Sache

Prozesse zu gewinnen ist nicht so leicht, gerade in der Medizin: Eine gesundheitliche Schlechterstellung kann nicht nur durch unsachgemäßes Handeln des Arztes, sondern auch durch die körperliche Verfassung des Patienten selbst eintreten (so wird z.B. ein unheilbar an Krebs erkrankter Mensch auch durch einen noch so guten Arzt nicht gerettet werden können). Der **Beweis,** dass durch das Verhalten des Arztes dem Patienten ein Schaden zugefügt wurde, wird daher nicht leicht zu erbringen sein.

Beweisführung obliegt dem Staatsanwalt

Beim **Strafprozess** fällt für den Patienten die finanzielle Belastung weg, da als Ankläger der Staatsanwalt auftritt und dieser den Beweis erbringen muss, dass der Arzt rechtswidrig und schuldhaft gehandelt hat. Ein Patient, der in seinen Rechten verletzt wurde, kann sich wegen seiner privatrechtlichen Ansprüche dem Strafverfahren anschließen.

Patientenrechte in der Psychiatrie und in Heimen

Der folgende Abschnitt beschäftigt sich mit den Besonderheiten im Fall einer sogenannten „Unterbringung" sowie der Freiheitsentziehung außerhalb von psychiatrischen Anstalten (Heimaufenthalt).

Die **persönliche Freiheit** eines Menschen ist eines der höchsten Rechtsgüter. Sie ist in Österreich zweifach verfassungsrechtlich abgesichert, einerseits durch das Bundesverfassungsgesetz über den Schutz der persönlichen Freiheit, andererseits durch die Europäische Menschenrechtskonvention. Das Heimaufenthaltsgesetz regelt den Schutz der persönlichen Freiheit **während** des Aufenthalts in Heimen oder anderen Pflege- und Betreuungseinrichtungen. Das Unterbringungsgesetz regelt die (zwangsweise) **Aufnahme** und Anhaltung psychisch kranker Menschen in psychiatrischen Krankenanstalten.

Voraussetzungen der Unterbringung

In der Praxis werden psychiatrische Patienten oftmals auffällig, wodurch – je nach Ausmaß und Schutzerwägungen – die Beiziehung professioneller Hilfe erforderlich wird. Abhängig davon, welche Notrufnummer gewählt bzw. wer zuerst kontaktiert wurde, sind in das Einsatzgeschehen der Rettungs- bzw. Notarztdienst, ein niedergelassener Arzt und/oder die Polizei involviert. Ein Kliniktransfer gegen oder ohne den Willen des Betroffenen ist möglich. Die Vorgehensweise orientiert sich am **Unterbringungsgesetz** sowie dem **Sicherheitspolizeigesetz,** wobei die Einsatzkräfte vorab die materiellen Unterbringungsvoraussetzungen zu prüfen haben.

Eine Unterbringung in einer psychiatrischen Abteilung ist demnach zulässig, wenn eine Person

Krankheit und Gefährdung sind für Unterbringung entscheidend

- an einer **psychischen Krankheit** leidet,
- im Zusammenhang damit ihr Leben oder ihre Gesundheit oder das Leben oder die Gesundheit anderer ernstlich und erheblich **gefährdet** und
- nicht in anderer Weise, insbesondere außerhalb einer psychiatrischen Abteilung, ausreichend ärztlich behandelt oder betreut werden kann.

„Psychische Krankheit" ist ein **Rechtsbegriff** und obliegt somit der Auslegung durch das Gericht. Es geht hier daher nicht um medizinische Fragen wie das subjektive Leiden eines Patienten, die Abweichung vom sozialen Normverhalten oder die Zuordnung zu einer bestimmten Diagnose oder einem Klassifikationssystem wie etwa ICD-10 (ICD steht für International Classification of Diseases – ein von der Weltgesundheitsorganisation herausgegebenes Manual aller anerkannter Krankheiten und Diagnosen) oder DSM-III-R (Diagnostisches und Statistisches Handbuch Psychischer Störungen), sondern vielmehr um die Beeinträchtigung der Selbstbestimmungsfähigkeit und den Verlust der Handlungsfreiheit, die den massiven Grundrechtseingriff der Unterbringung rechtfertigen.

„Psychische Krankheit" gesetzlich nicht definiert

In der Regel sind psychische Krankheiten im Sinn des Gesetzes **körperlich begründbare Psychosen** (z.B. Hirngefäßerkrankungen, degenerative Hirnprozesse, Hirntumore, traumatische Hirnschädigungen, höhergradiges organisches Psychosyndrom, Demenz) und **endogene Psychosen** (Schizophrenie, manisch-depressive [affektive] Psychose), nicht grundsätzlich hingegen Alkoholismus und Suchtkrankheit, Suizidversuch und geistige Behinderung. Uneinigkeit besteht jedoch bei Neurosen und Persönlichkeitsstörungen.

Die im Gesetz geforderte Gefährdung ist im Sinn einer **Prognose** zu bestimmen und folgt nicht automatisch aus jeder psychischen Erkrankung. Es handelt sich hierbei um ein weiteres einschränkendes Kriterium. Ein konkreter Schadenseintritt ist nicht Voraussetzung; vielmehr muss dieser aufgrund objektiver und konkreter Anhaltspunkte wahrscheinlich sein. Die **Ernstlichkeit** der Gefahr liegt vor, wenn der Schaden mit hoher Wahrscheinlichkeit eintreten muss. Darüber hinaus hat die Schädigung direkt aus der Krankheit zu drohen. Eine bloß vage Möglichkeit einer Selbstbeschädigung oder Fremdschädigung ist nicht ausreichend.

Gefährdungsprognose

Die Gefährdung muss sich nicht bereits realisiert haben, sondern es reicht aus, wenn nach der Lebenserfahrung krankheitsbedingte Verhaltensweisen zur Gefährdung von Leben und Gesundheit führen. Bei besonders schwerwiegenden Folgen genügt bereits eine geringere Wahrscheinlichkeit, um die Zulässigkeit der weitergehenden Beschränkungen der Bewegungsfreiheit zu bejahen. **Erheblichkeit** ist gegeben, wenn der drohende Schaden eine besondere Schwere aufweist, wobei als Maß die Definition der schweren Körperverletzung aus dem Strafrecht fungiert.

Stets muss ein Kausalzusammenhang zwischen psychischer Krankheit und konkreter Gefahr bestehen.

Das **Fehlen von Alternativen** stellt die letzte Zulässigkeitsvoraussetzung dar, wodurch das Subsidiaritäts- und Verhältnismäßigkeitsprinzip der Unterbringung zum Ausdruck kommt. In der Praxis ist vor allem eine für die Gefahrenabwehr ausreichende und aktuell verfügbare ambulante Behandlung (z.B. niedergelassener Facharzt, Tagesklinik, psychosoziale Dienste) oder ein freiwilliger Klinikaufenthalt zu prüfen. Eine Zwangseinweisung in andere Einrichtungen, z. B. in ein Pflegeheim, ist unzulässig.

Das Unterbringungsgesetz unterscheidet einerseits eine Unterbringung auf Verlangen, wo ebenfalls die genannten Voraussetzungen vorliegen müssen und zudem der einsichtsfähige Patient seine Zustimmung erteilt, und andererseits die in der Praxis die Regel darstellende **Unterbringung ohne Verlangen.**

Die Beschränkung der Bewegungsfreiheit ist vom behandelnden Arzt jeweils besonders anzuordnen und in der Krankengeschichte unter Angabe des Grundes zu beurkunden. Es muss der Grund für die konkrete Beschränkung in einer Weise angeführt werden, dass beurteilt werden kann, ob die Zulässigkeitsvoraussetzungen im Einzelfall vorliegen. Je absehbarer und gleichbleibender die zur Beschränkung führenden Verhaltensweisen des Bewohners verlaufen, desto geringere Anforderungen sind an die Spezifikation in der Dokumentation zu stellen.

Mängel in der Dokumentation können **nachträglich** nur so weit beseitigt werden, als der Grund für die Beschränkung aus anderen Urkunden objektivierbar ist und es in der Krankengeschichte nur unterlassen wurde, auf diese zu verweisen. Ergibt sich in der Zusammenschau der Bestandteile der Krankengeschichte und der Mitteilung kein Zweifel am zugrunde liegenden Sachverhalt, so liegt kein relevanter **Dokumentationsmangel** vor, der zur Unzulässigkeit der Maßnahmen führen muss. Die Dokumentation muss in einem angemessenen zeitlichen Zusammenhang zur Maßnahme vorgenommen werden.

Dokumentationsmängel

Ein älterer Patient war auf einer chirurgischen Station verwirrt, nahm die Medikation nicht an und wurde schließlich körperlich aggressiv, worauf

Mangels Einsichtsfähigkeit des Patienten erfolgt meist Unterbringung ohne Verlangen

er durch Gurte fixiert und medikamentös sediert wurde. In der Meldung an die Bewohnervertretung (► Seite 174) über freiheitsbeschränkende Maßnahmen wurde lediglich auf die Verletzungsgefahr durch Sturz hingewiesen, nicht aber auf die Notwendigkeit medikamentöser Maßnahmen. Nachdem die Bewohnervertretung die gerichtliche Überprüfung der Beschränkungsmaßnahmen beantragt hatte, stellte der OGH klar: Gravierende Dokumentationsmängel können nicht nachträglich durch Zeugenaussagen oder einzuholende Sachverständigengutachten saniert werden.

Verständigungspflicht darf nicht überspannt werden

Ein junger Mann, der sich nach LSD-Konsum seiner Mutter gegenüber aggressiv und drohend verhalten hatte, wurde untergebracht und vorerst durch Vierpunkt-Fixierung beschränkt. Die ärztliche Anordnung über die Gurtfixierung von 18.02 Uhr bis 8.00 Uhr des nächsten Tages wurde der Patientenanwaltschaft umgehend per Fax übermittelt und erfolgte mittels eines Formulars, in dem das Ende (8.00 Uhr) bereits vorgedruckt ist. Bereits um 18.35 Uhr wurde die Vierpunktfixierung auf Anweisung des Arztes aufgehoben und der Patient bis 7.30 Uhr des Folgetages in ein psychiatrisches Netzbett verlegt; davon wurde die Patientenanwaltschaft nicht informiert. Der OGH erklärte die Beschränkungen der Bewegungsfreiheit für zulässig. Die spätere Umstellung auf eine gelindere Maßnahme ist von der vorherigen Meldung der gravierenderen Maßnahme gedeckt. Das heißt, dass die Vierpunktfixierung eine gravierendere Freiheitsbeschränkung ist als die Unterbringung in einem Netzbett.

Beispiel

Kinder- und Jugendpsychiatrie

Die Unterbringung Minderjähriger ist nicht nur aufgrund der meist tristen sozialen und familiären Hintergründe emotional belastend, sondern auch medizinisch und in der rechtlichen Einordnung regelmäßig eine Herausforderung. In einem Fall wurde ein Achtjähriger, der bereits mit fünf Jahren den Eltern abgenommen und vorerst in eine betreuten Wohngemeinschaft gebracht worden war, nach mehrmonatigem stationären Aufenthalt auf einer Abteilung für Kinder- und Jugendpsychiatrie untergebracht. Vorausgegangen waren dem mehrere heftige körperliche

Angriffe auf andere Minderjährige und Betreuungspersonal, die teilweise zu erheblichen Verletzungen führten. Das Erstgericht erklärte diese Unterbringung für unzulässig und folgte dabei dem Sachverständigengutachten, nach dem es keine Hinweise auf eine entsprechende Gefährdung gebe.

Als der Bub nach weiteren derartigen Vorfällen mehrfach für gewisse Zeitspannen (bis zu 15 Minuten) von Betreuern festgehalten bzw. in einen sogenannten **„Auszeitraum"** (leerer Raum von ca. 25 m², dessen Wände mit Teppichen ausgekleidet sind und der bis auf eine Matratze leer ist) gebracht wurde, beantragte die Patientenanwältin, die Zulässigkeit dieser Unterbringung zu überprüfen.

Alle drei Instanzen erklärten die Unterbringung für **mehrere kurze Zeiträume** für zulässig. Mangels abstrakter Abgrenzungskriterien zwischen Maßnahmen der Pflege und Erziehung einerseits und der Unterbringung andererseits hängt diese Beurteilung von den konkreten Umständen des Einzelfalls ab. Durchaus pragmatisch und die schwierige Aufgabe des Betreuungspersonals auf Kinder- und Jugendpsychiatrien anerkennend führt der OGH abschließend wörtlich aus: „Im Übrigen duldeten die Ruhigstellungen wegen der unvorhersehbaren und massiven Aggressionsausbrüche keinerlei Aufschub und dauerten jeweils nur derart kurze Zeit an, sodass das Verlangen nach einer vorangehenden oder zeitgleichen Untersuchung durch den Anstaltsleiter illusorisch ist."

Zulässigkeit von Freiheitsbeschränkungen

Heimaufenthaltsgesetz im Spital anwendbar

Im Gegensatz zu Alten- und Pflegeheimen gilt das **Heimaufenthaltsgesetz** in Krankenanstalten nicht unbegrenzt. Ausgenommen sind vor allem psychiatrische Abteilungen, an denen unter dem Regime des Unterbringungsrechts der Rechtsschutz durch die Patientenanwälte gewährleistet wird.

Eine wichtige Ausnahme besteht für **Krankenanstalten** auch darin, dass die Anwendung des Heimaufenthaltsgesetzes vor allem voraussetzt, dass eine ständige Pflegenotwendigkeit aufgrund einer **psychischen Erkrankung** oder **geistigen Behinderung** gegeben sein muss. Beruht der Pflegeaufwand auf der in der Krankenanstalt erfolgenden medizinischen

Behandlung, dann ist das Heimaufenthaltsgesetz nicht anzuwenden. Das bedeutet, dass nur Beschränkungen, die aufgrund der aus der psychischen Erkrankung/geistigen Behinderung resultierenden Selbst- oder Fremdgefährdung getroffen werden, als freiheitsbeschränkende Maßnahmen im Sinn des Heimaufenthaltsgesetzes anzusehen sind.

Das bedeutet aber auch, dass grundsätzlich jede Spitalsabteilung in die Lage kommen kann, das Heimaufenthaltsgesetz anwenden zu müssen. Naturgemäß wird dies verstärkt an geriatrischen, Remob-, neurologischen oder internen Abteilungen der Fall sein, aber eben nicht ausschließlich. Einen Hinweis auf die Anwendung des Heimaufenthaltsgesetzes stellt regelmäßig auch das Faktum dar, dass der betroffene Patient aus einem Heim kommt und dort freiheitsbeschränkt war.

Heimaufenthaltsgesetz

Mit der Aufnahme in ein **Pflegeheim** verändert sich die Lebenssituation für alte Menschen sehr stark. Die Betreuung und Pflege in modernen Heimen ist grundsätzlich hohen Qualitätsstandards unterworfen und durch verschiedene Gesetze geregelt. Das Heimaufenthaltsgesetz regelt für den Bereich der Pflegeheime die Durchführung von freiheitsbeschränkenden Maßnahmen. Diese Maßnahmen sind aufgrund verschiedener Krankheitsbilder manchmal nötig, dürfen aber nur unter strengen gesetzlichen Regelungen angewendet werden.

Freiheitsbeschränkungen sind alle Maßnahmen, die eine Ortsveränderung des Bewohners gegen seinen Willen verhindern. Darunter zählt auch die „Warnung", das Haus ohne Zustimmung zu verlassen, die als **Verbot** aufgefasst wird. Im Wesentlichen gibt es drei Arten von freiheitsbeschränkenden Maßnahmen:

Freiheitsbeschränkungen in Pflegeheimen

- **mechanische** Freiheitsbeschränkungen wie Gurte, Bettgitter, versperrte Türen oder das Entfernen einer Gehhilfe
- **elektronische** Freiheitsbeschränkungen wie Sender, Alarmanlagen oder Überwachungsanlagen
- **medikamentöse** Freiheitsbeschränkungen wie nicht medizinisch indizierte sedierende Medikamente

Was ist eine Freiheitsbeschränkung?

Fall 1: Der Bewohner eines Pensionisten- und Pflegeheims leidet an fortgeschrittener Demenz, die durch Verhaltensauffälligkeiten, Persönlichkeitsveränderungen, Sprach- und Gedächtnisstörungen sowie das Vergessen von Verhaltensregeln gekennzeichnet ist. Der Verlauf der Erkrankung ist langsam fortschreitend und äußert sich in völliger Desorientierung, Agitiertheit, Muskelversteifung, motorischer Unruhe, Inkontinenz und kompletter Pflegebedürftigkeit. Dadurch ist eine steuerlos enthemmte Mobilität bedingt. In Fällen, in denen seine Aggressionsausbrüche zu einem hohen Grad der Selbst- und Fremdgefährdung führen, wird dem Bewohner das Narkotikum „Nalbufine" per Injektion verabreicht. Es liegt eine zulässige Freiheitsbeschränkung vor, da die Sedierung unmittelbar intendiert ist. Dass die Medikation wohl medizinisch indiziert ist, ändert an diesem Befund nichts.

Fall 2: Der Bewohner eines Pflegeheims leidet an seniler Demenz mit Poriomanie (Wandertrieb). Er versucht öfter, das Heim zu verlassen, um nach Hause zu gehen, wodurch er sich im Straßenverkehr selbst gefährdet. Zunächst wird Risperdal in einer Dosis von 3 x 1 mg täglich verabreicht, was dazu führt, dass der Bewohner zwar weiterhin mobil ist, sich aber weniger häufig dazu entschließt, das Heim zu verlassen. Eine Dosissteigerung auf 3 x 3 mg bewirkt in der Folge, dass er sehr müde wird und sehr viel schläft bzw. sich gar nicht mehr wecken lässt. Die Wirkung des Medikaments, den Bewohner so weit zu dämpfen, dass er sich nicht mehr entschließt, das Heim zu verlassen und sich dabei in Gefahr zu begeben, wurde vom anordnenden Arzt unmittelbar bezweckt. Daher liegt eine – „reaktive" – Freiheitsbeschränkung vor.

Fall 3: Ein krebskranker dementer Bewohner wird mit einem opioiden, stark sedierenden Medikament in therapeutisch notwendiger Dosierung behandelt. Andere ebenso wirksame Möglichkeiten zur Schmerzlinderung bestehen nicht. Zwar hat der anordnende Arzt die bewegungseinschränkenden Nebenwirkungen des Medikaments gekannt und wohl auch in Kauf genommen. Da die schmerzlindernde Wirkung des Medikaments nicht auch mit anderen – weniger sedierenden – Mitteln erreicht werden kann, liegt aber keine Freiheitsbeschränkung vor.

Der OGH hält zur Frage, wann eine medikamentöse Behandlung eine Freiheitsbeschränkung im Sinn des Heimaufenthaltsgesetzes ist, Folgendes wörtlich fest: „Zu Recht verweist die Bewohnervertretung auf die auch hier einschlägige Rechtsprechung zum Unterbringungsgesetz, wonach selbst die therapeutisch indizierte medikamentöse Behandlung als Freiheitsbeschränkung zu beurteilen ist, wenn sie primär der Unterbindung von Unruhezuständen und der Beruhigung, also zur ‚Ruhigstellung' des Kranken, dient. Von einer Freiheitsbeschränkung kann daher ausgegangen werden, wenn die Bewegungsbeschränkung – und nicht etwa das therapeutische Ziel – der **‚Hauptzweck'** der Behandlung ist.*"*

Freiheitsbeschränkungen sind nur zulässig, wenn eine **psychische** oder **geistige Behinderung** diagnostiziert ist und eine erhebliche **Selbst- oder Fremdgefährdung** besteht und die Maßnahme zur **Gefahrenabwehr** unerlässlich ist und die Maßnahme nicht durch andere, gelindere Mittel abgewendet werden kann. Personalmangel ist kein ausreichender Grund für freiheitsbeschränkende Maßnahmen.

Freiheitsbeschränkende Maßnahmen sind der betroffenen Person, deren Rechtsvertreter (Sachwalter) oder einer genannten Vertrauensperson sowie der Bewohnervertretung zu melden. Die **Bewohnervertretung** ist eine kraft Gesetz beauftragte Person, die zum Schutz der betroffenen Person tätig wird und die Rechtmäßigkeit der gesetzten Maßnahmen überprüft.

Die Voraussetzungen entsprechen im Wesentlichen denen des Unterbringungsgesetzes. Unzulässig wäre eine freiheitsbeschränkende Maßnahme etwa, wenn ein Patient in betrunkenem Zustand „nur" randaliert, andere Patienten belästigt oder beschimpft. Im Gegensatz dazu liegt z.B. eine zulässige Freiheitsbeschränkung vor, wenn ein **dementer Patient** am Verlassen des Bettes mittels Seitenteilen gehindert wird, weil er aufgrund von Desorientierung bereits mehrmals das Bett verlassen hat und am Krankenhausgelände „herumgeirrt" ist.

Meldepflicht bei Freiheitsbeschränkung

Anordnung

Die Anordnung einer freiheitsbeschränkenden Maßnahme kann nur durch eine befugte Person durchgeführt werden. Dies sind in der Regel der **leitende Arzt,** die Leitung des Pflegedienstes oder die pädagogische Leitung. Länger als 24 Stunden andauernde Maßnahmen dürfen nur durch einen Arzt angeordnet werden.

Der Grund, die Art, der Beginn und die Dauer der Freiheitsbeschränkung sind schriftlich zu dokumentieren; ärztliche Zeugnisse sind der

Dokumentation anzuschließen. Die anordnungsbefugte Person hat den Patienten über den Grund, die Art, den Beginn und die voraussichtliche Dauer der Freiheitsbeschränkung auf geeignete Weise aufzuklären und den Leiter der Einrichtung unverzüglich zu verständigen. Dieser wiederum hat den Vertreter des Patienten und die Vertrauensperson des Patienten zu informieren.

Gerichtliche Überprüfung

Der betroffene Patient, sein Vertreter, seine Vertrauensperson oder der Leiter der Einrichtung können bei Gericht einen Antrag auf Überprüfung der Freiheitsbeschränkung stellen. Zuständig ist das **Bezirksgericht,** in dessen Sprengel die Einrichtung liegt. Das Gericht muss sich binnen sieben Tagen einen persönlichen Eindruck vom Patienten in der Einrichtung verschaffen, dies kann auch in einer mündlichen Verhandlung erfolgen.

Gelangt das Gericht zum Ergebnis, dass die Voraussetzungen für die Freiheitsbeschränkungen nicht vorliegen, so hat es diese für unzulässig zu erklären und die Freiheitsbeschränkung ist sofort aufzuheben. Gelangt das Gericht hingegen zum Ergebnis, dass die Voraussetzungen der Freiheitsbeschränkung vorliegen, so wird diese vorläufig für zulässig erklärt und binnen zwei Wochen eine mündliche Verhandlung anberaumt, in der dann eine endgültige Entscheidung über die Zulässigkeit der Freiheitsbeschränkung getroffen wird (wogegen Rechtsmittel möglich sind).

Das Gericht kann die Zulässigkeit einer Freiheitsbeschränkung im Beschluss an **Auflagen** knüpfen – etwa, dass der Bewohner während der Zeit, in der die Freiheitsbeschränkung angewendet wird, eine bestimmte Therapie erhält, um die Gefährdung abzubauen und die Freiheitsbeschränkung für die Zukunft entbehrlich zu machen. Auch besteht nachträglich die Möglichkeit der rückschauenden Überprüfung der Zulässigkeit.

Binnen sieben Tagen muss Gericht überprüfen

Bewohnervertretung

Der Gesetzgeber wollte sicherstellen, dass jeder Patient über eine entsprechende Vertretung verfügt, die für ihn in Sachen Freiheitsbeschränkung tätig wird. Wird daher bei einem Patienten eine Freiheitsbeschränkung vorgenommen, erfolgt kraft Gesetzes automatisch die Bestellung des örtlich zuständigen **Sachwaltervereins** als Vertreter des Patienten. Neben diesem Bewohnervertreter kann der Patient selbst auch einen Vertreter (z.B. **Anwalt**) stellen.

Der Bewohnervertreter hat das Recht, die Krankenanstalt unangemeldet zu besuchen, sich vom Patienten einen persönlichen Eindruck zu verschaffen und mit dem Arzt, der die Anordnung getroffen hat, und den Bediensteten das Vorliegen der Voraussetzungen der Freiheitsbeschränkung zu besprechen. Insbesondere hat der Bewohnervertreter dabei auch das Recht, im erforderlichen Umfang **Einsicht in die Krankengeschichte** zu nehmen.

Überprüfungs-
rechte durch
Bewohner-
vertreter

Die Bewohnervertretung hat keinerlei Befugnisse, in die medizinische Behandlung einzugreifen, kann daher nicht z.B. eine andere Therapie fordern. Die Art und Durchführung der Behandlung ist eine ärztliche Angelegenheit. Die Bewohnervertretung hat lediglich zu **prüfen,** ob eine Freiheitsbeschränkung gegeben ist und ob die hierfür notwendigen Voraussetzungen vorliegen.

Sachwalterschaft

Wenn ein Mensch mit einer geistigen Behinderung oder psychischen Krankheit nicht in der Lage ist, bestimmte Angelegenheiten selbst zu erledigen, ohne dabei Gefahr zu laufen, benachteiligt zu werden, braucht er eine **gesetzliche Vertretung.** Kann ein Mensch trotz geistiger Behinderung

Psychische Krankheiten versus körperliche Behinderungen und Sucht

Hirnorganische Störungen durch langjährigen Alkoholkonsum gehören ebenso zu den psychischen Krankheiten wie Demenz. Körperliche Behinderungen und Suchtkrankheiten sind keine Gründe für eine Sachwalterschaft. Ein Sachwalter wird frühestens dann bestellt, wenn der Betroffene das 18. Lebensjahr vollendet hat.

oder psychischer Krankheit seine Angelegenheiten selbst meistern – etwa mithilfe seiner Familie oder psychosozialer Dienste –, darf kein Sachwalter bestellt werden. Dasselbe gilt auch, wenn der Betroffene von einem nahen Angehörigen oder einem Vorsorgebevollmächtigten vertreten wird.

Zu den **nächsten Angehörigen** zählen Eltern, volljährige Kinder und der im gleichen Haushalt lebende Ehepartner oder eingetragene Partner oder Lebensgefährte. Handelt es sich um einen Lebensgefährten, muss er seit mindestens drei Jahren im selben Haushalt wohnen.

Um eine **Vertretungsbefugnis** zu bekommen, muss der Angehörige einem **Notar** seiner Wahl ein ärztliches Zeugnis vorlegen, das die fehlende Geschäftsfähigkeit des Betroffenen bestätigt. Außerdem muss er nachweisen, dass er ein Angehöriger des Betroffenen ist. Der Notar registriert die Vertretungsbefugnis im **Österreichischen Zentralen Vertretungsverzeichnis** (ÖZVV) und händigt dem Angehörigen eine Bestätigung aus. Mit dieser Bestätigung kann sich der Angehörige als vertretungsbefugt ausweisen.

Vertretungsbefugte Angehörige können den Betroffenen in folgenden Bereichen vertreten:

Sachwalterschaft
für verschiedene
Lebensbereiche
möglich

- **Rechtsgeschäfte des täglichen Lebens** (z.B. Einkauf von Lebensmitteln und Kleidung, Bezahlung der Miete)
- Rechtsgeschäfte zur **Deckung des Pflegebedarfs** (z.B. Kauf von Pflegeutensilien, Organisation einer Pflegekraft)
- **Geltendmachung von Ansprüchen,** die sich durch Alter, Krankheit oder Behinderung ergeben (z.B. Pflegegeldantrag, Sozialhilfeantrag, Antrag auf Rundfunkgebührenbefreiung)
- Zustimmung zu **einfachen medizinischen Behandlungen,** nicht aber zu schwerwiegenden Eingriffen wie beispielsweise risikoreiche Operationen, Amputationen oder das Legen einer PEG-Sonde

Selbstverständlich kann der Betroffene einer Handlung seines vertretungsbefugten Angehörigen jederzeit **widersprechen.** Dazu muss er sich selbst oder über eine Vertrauensperson an das Pflegschaftsgericht oder an einen Notar wenden. Die Folge wird in vielen Fällen die Einleitung eines **Sachwalterschaftsverfahrens** sein.

Sachwalter sollen – sofern sich die Sachwalterschaft nicht nur auf die Besorgung einzelner Angelegenheiten bezieht – mindestens einmal pro Monat **Kontakt** mit der betroffenen Person halten. Der Sachwalter ist verpflichtet, dem Gericht regelmäßig (in den meisten Fällen einmal pro Jahr) über die Situation der betroffenen Person zu berichten. Der Bericht ist prinzipiell an keine Form gebunden. Folgende Inhalte sollten im **Jahresbericht** berücksichtigt werden:

Kontakt- und Berichtspflicht des Sachwalters

- Unterbringung der betroffen Person (z.B. zu Hause oder in einem Pflegeheim)
- Überblick über die Wohnsituation und/oder die Betreuung
- Beschreibung des Gesundheitszustandes der betroffenen Person
- ärztliche Behandlung (z.B. fallweise oder regelmäßig)
- gegebenenfalls die Maßnahmen, die der Sachwalter für den Betroffenen treffen möchte
- Beschreibung der Kontakte zwischen dem Sachwalter und der betroffenen Person

Der Sachwalter sollte sich darüber hinaus auch dazu äußern, ob die Sachwalterschaft erweitert oder eingeschränkt werden soll. Der Bereich der **Personensorge** umfasst die medizinische und soziale Betreuung des Betroffenen.

Medizinische Betreuung

Eine **einsichts- und urteilsfähige Person** kann die Einwilligung zu medizinischen Maßnahmen – auch bei bestehender Sachwalterschaft – nur selbst erteilen. Hat jemand diese Fähigkeit nicht, ist die Zustimmung des Sachwalters nötig (falls die Zustimmung zu medizinischen Behandlungen vom Gericht als Teil seiner Aufgaben festgelegt worden ist). Ob der Betroffene ausreichend einsichts- und urteilsfähig ist, hat der behandelnde Arzt nach dem Aufklärungsgespräch zu beurteilen. Im Zweifelsfall muss ein psychiatrisches Gutachten eingeholt werden.

Ist die durch einen Sachwalter betreute Person aufgrund ihres geistigen Gesundheitszustandes nicht fähig, die Notwendigkeit einer medizinischen Maßnahme zu beurteilen, dann ist bei **einfachen medi-**

zinischen Heilbehandlungen oder Untersuchungen (z.B. Impfungen, Zahnbehandlungen, Blutabnahmen) die Zustimmung des Sachwalters, dessen Wirkungsbereich die Besorgung dieser Angelegenheit umfasst, erforderlich.

Bei **besonderen medizinischen Heilbehandlungen** (z.B. Chemotherapie, schwere Operationen) muss ein **ärztliches Zeugnis** ausgestellt werden, damit der Sachwalter seine Zustimmung erteilen kann. Im Zeugnis ist festzuhalten, dass die medizinische Maßnahme notwendig ist und die betroffene Person nicht zustimmen kann, weil ihr dazu die Einsichts- und Urteilsfähigkeit fehlt. Der Arzt, der das Zeugnis ausstellt, muss vom behandelnden Arzt unabhängig sein.

Fehlt das ärztliche Zeugnis oder wird die medizinische Maßnahme von der betroffenen Person abgelehnt, dann muss die Zustimmung des Sachwalters vom Bezirksgericht (als **Pflegschaftsgericht**) genehmigt werden. Verweigert der Sachwalter die Zustimmung zur medizinischen Maßnahme und gefährdet er dadurch das Wohl der von ihm betreuten Person, kann das Gericht die Zustimmung des Sachwalters ersetzen oder die Sachwalterschaft einer anderen Person übertragen. Wenn der Gesundheitszustand der betroffenen Person so bedrohlich ist, dass der behandelnde Arzt sofort reagieren muss, ist er verpflichtet, die nötige Behandlung ohne Zustimmung auszuführen (**ärztliche Notfallsentscheidung**).

Einer **Sterilisation** des Betroffenen darf der Sachwalter grundsätzlich nicht zustimmen. Eine Ausnahme von diesem Verbot besteht dann, wenn aufgrund eines körperlichen Leidens ohne diesen Eingriff das Leben oder die Gesundheit der betroffenen Person gefährdet wäre. Eine Entscheidung darüber kann nur im Rahmen eines eigenen Genehmigungsverfahrens erfolgen.

Berücksichtigung des Vorsorgebevollmächtigten

Jedermann hat die Möglichkeit, für den Fall, dass er in Zukunft bestimmte Angelegenheiten nicht mehr alleine regeln kann, einer Person, zu der er besonderes Vertrauen hat, vorsorglich eine Vollmacht zu erteilen. Diese sogenannte Vorsorgevollmacht tritt erst beim späteren Verlust der Handlungsfähigkeit in Kraft. Eine **Vorsorgevollmacht** sollte auf jeden Fall enthalten:

Marginalien:

Ärztliches Zeugnis ist Voraussetzung für Zustimmung vom Sachwalter bei schweren Eingriffen

Sterilisationsverbot mit Ausnahme

- Name, Geburtsdatum und Adresse des Bevollmächtigten
- Aufgabenbereiche, für die der Bevollmächtigte zuständig sein soll
- individuelle Wünsche des Betroffenen (z.B. bezüglich Pflege, medizinischer Versorgung, Übersiedlung in ein Alters- oder Pflegeheim)

Mindestinhalt der Vorsorgevollmacht

Zu diesen Angelegenheiten kann auch die Einwilligung in **medizinische Behandlungen** zählen. Wird die Vollmacht vor einem Rechtsanwalt, einem Notar oder bei Gericht errichtet, so kann sie selbst die Einwilligung in besondere Heilbehandlungen umfassen. Dementsprechend werden Vorsorgebevollmächtigte mit entsprechendem Wirkungskreis nun auch

Die Rechte des Betroffenen

- Eine Entscheidung gegen die Wünsche des Betroffenen darf ein Sachwalter nur dann treffen, wenn diese Wünsche klar dem objektiven Wohl des Betroffenen schaden.
- Eine verbindliche Patientenverfügung, die erstellt wurde, bevor der Betroffene die Einsichtsfähigkeit verlor, bleibt gültig. Eine Vorsorgevollmacht schließt meist die Bestellung eines Sachwalters aus.
- Der Sachwalter hat die Pflicht, den Betroffenen dabei zu unterstützen, sein Leben im Rahmen seiner Fähigkeiten und Möglichkeiten nach seinen Vorstellungen und Wünschen zu gestalten.
- Der Betroffene hat das Recht, vom Sachwalter über wichtige Maßnahmen in Bezug auf seine Person oder sein Vermögen rechtzeitig verständigt zu werden.
- Der Betroffene hat jederzeit das Recht, in den Gerichtsakt Einsicht zu nehmen.
- Das Gericht darf Fremden keine Auskünfte über die Vermögensverhältnisse des Betroffenen geben.
- Der Betroffene hat das Recht, beim Pflegschaftsgericht eigene Anträge zu stellen und gegen Beschlüsse Rekurs zu erheben.
- Die persönliche Freiheit des Betroffenen darf weder vom Sachwalter noch vom Pflegschaftsgericht durch Zwangsmaßnahmen oder Beschränkungen beeinträchtigt werden.

Tipp

Der Betroffene und der Bevollmächtigte sollten je eine Ausfertigung der Vollmacht aufbewahren. Die sicherste Methode ist, die Vollmacht bei der Erstellung von einem Notar oder Rechtsanwalt im ÖZVV registrieren zu lassen.

in den Regeln über die medizinische Behandlung im Rahmen der Unterbringung berücksichtigt. Ein Vorsorgebevollmächtigter ist also – wie ein Sachwalter – über Grund und Bedeutung der Behandlung aufzuklären und kann für den Kranken in medizinische Behandlungen einwilligen.

Eine Vorsorgevollmacht kann **eigenhändig** geschrieben und unterzeichnet werden. Wird sie nicht eigenhändig geschrieben – sondern etwa mittels Computer erstellt –, so muss sie eigenhändig unterschrieben und der Wille in Anwesenheit von **drei Zeugen** bekräftigt werden. Die Zeugen müssen unter Hinweis auf ihre Zeugeneigenschaft ebenfalls auf der Vollmacht unterschreiben. Geht es um schwerwiegende Vertretungshandlungen, muss die Vorsorgevollmacht bei einem Notar, bei einem Rechtsanwalt oder bei Gericht erstellt werden. Als **schwerwiegende Vertretungshandlungen** gelten

- die Einwilligung in schwerwiegende medizinische Behandlungen (z.B. risikoreiche Operationen, Amputationen, PEG-Sonde)
- die Bestimmung des Wohnortes
- Vermögensangelegenheiten, die über das übliche Maß an Verwaltung hinausgehen (z.B. Verkauf/Vermietung eines Hauses/ einer Wohnung oder große finanzielle Anschaffungen)

Eigenhändige Vorsorgevollmacht

Hilfe im Konfliktfall

Patientenanwälte und Patientenvertretungen helfen,
beraten und vermitteln. Schlichtungs- und Schiedsstellen
bemühen sich um eine außergerichtliche Einigung.
Diese Angebote sind kostenlos.

Patientenanwälte

Patientenanwaltschaften sind eigenständige Institutionen der einzelnen Bundesländer. Sie helfen Ihnen bei der Vertretung Ihrer Rechte als Patient im Gesundheits- und Spitalsbereich. Die Patientenanwaltschaften stehen für **kostenlose** Rechtsverfolgung, für professionelles Beschwerdemanagement und als Interessenvertretung der Patienten zur Verfügung. In manchen Bundesländern werden sie als Patientenvertretungen bezeichnet. Die **Aufgaben** im Einzelnen sind:

Kostenloser Service

- Hilfe bei Meinungsverschiedenheiten
- Beratung und Erteilung von Auskünften
- Vermittlung bei Streitfällen bzw. Konflikten
- Versuch der außergerichtlichen Schadensbereinigung nach Behandlungsfehlern

Die Patientenanwaltschaften der **Bundesländer** haben unterschiedliche Zuständigkeitsbereiche. Alle Patientenanwaltschaften sind für Krankenanstalten zuständig. Die Kärntner Patientenanwaltschaft zusätzlich für niedergelassene Ärzte, die Steiermärkische Patientenvertretung und die Vorarlberger Patientenanwaltschaft zusätzlich für Pflegeheime. Die Patientenanwaltschaften von Wien, Niederösterreich und dem Burgenland haben den umfassendsten Zuständigkeitsbereich, nämlich für alle Einrichtungen des Gesundheits- und Sozialwesens.

Für die Zuständigkeit der Patientenanwaltschaften bzw. -vertretungen kommt es nicht darauf an, wo der Patient seinen Wohnsitz hat, sondern darauf, wo der **Anlass** zur Beschwerde liegt. So ist beispielsweise für eine Beschwerde über eine Krankenanstalt in Niederösterreich die NÖ Patienten- und Pflegeanwaltschaft zuständig, auch wenn es sich beim beschwerdeführenden Patienten um einen Vorarlberger handelt.

Achtung: Verwechseln Sie nicht die nach dem Unterbringungsgesetz zu bestellenden **Patientenanwälte** mit der **Patientenvertretung.** Die Aufgabe der **Patientenanwälte** bei der Unterbringung besteht in der Vertretung psychisch Kranker in psychiatrischen Einrichtungen. Die **Patientenvertretung** dagegen ist für die Wahrung und Sicherung der Rechte und Interessen von Patienten in Krankenanstalten zuständig.

Schiedsstellen

Einige Ärztekammern bieten Patienten **kostenlos** Schieds- bzw. Schlichtungsstellen an. Sie haben die Aufgabe, eine Einigung zwischen Arzt und Patient herbeizuführen für den Fall, dass ein Patient glaubt, ein Behandlungsfehler liege vor. Wurde ein solcher festgestellt, schlägt die Schiedsstelle auch die an den Patienten zu leistende Entschädigung vor.

Die Schiedsstelle kann durch formlosen Antrag angerufen werden. Es empfiehlt sich, anzugeben, durch wen, wann oder wo dieser Behandlungsfehler passiert ist. Es gilt eine dreijährige Verjährungsfrist. Die Schiedsstelle kann aber nur vor der Befassung eines Gerichtes in Anspruch genommen werden, da es Aufgabe der Schiedsstelle ist, eine außergerichtliche Entscheidung zu erreichen. Wenn der Patient mit der Entscheidung der Schiedsstelle nicht einverstanden ist, kann er jederzeit den ordentlichen Rechtsweg beschreiten.

Sonstige Hilfseinrichtungen

Manche Krankenanstalten besitzen direkt vor Ort Anlaufstellen für Auskünfte und Beschwerden. Weiters stehen zur Unterstützung und Beratung der Patienten und der Angehörigen sowie zur Umsetzung der Patientenrechte die Arbeiterkammern, Mediatoren, Rechtsanwälte und die Volksanwaltschaft zur Verfügung.

Daneben hat sich eine Vielzahl von Selbsthilfegruppen und privaten Vereinen auf bestimmte Problemstellungen im Gesundheitsbereich spezialisiert. Einen Überblick über das gesamte Angebot an Gesundheitsinitiativen und **Selbsthilfegruppen** bzw. eine Orientierungshilfe bei der Suche nach einer organisierten Interessenvertretung bietet die Service- und Informationsstelle des Fonds Gesundes Österreich (Adresse und Telefonnummer ▶ Seite 189).

Checkliste: Ihre Rechte als Patient im Überblick

- [ ] Recht auf Aufklärung und umfassende Information über Behandlungsmöglichkeiten und Risiken

- [ ] Recht auf rücksichtsvolle Behandlung

- [ ] Recht auf Vertraulichkeit

- [ ] Recht auf fachgerechte und schmerzarme Behandlung und Pflege

- [ ] Recht auf Zustimmung zur Behandlung oder Verweigerung der Behandlung

- [ ] Recht auf Einsicht in die Krankengeschichte bzw. Aushändigung einer Kopie

- [ ] Recht des Patienten oder einer Vertrauensperson auf medizinische Information durch einen zur selbstständigen Berufsausübung berechtigten Arzt in möglichst verständlicher und schonungsvoller Art

- [ ] Recht auf ausreichende Besuchsmöglichkeiten und Kontakte mit der Außenwelt

- [ ] Recht auf Kontakt mit Vertrauenspersonen auch außerhalb der Besuchszeiten im Fall nachhaltiger Verschlechterung des Gesundheitszustandes des Patienten

- [ ] Recht der zur stationären Versorgung aufgenommenen Kinder auf eine möglichst kindergerechte Ausstattung der Krankenräume

- [ ] Recht auf religiöse Betreuung und psychische Unterstützung

- [ ] Recht auf vorzeitige Entlassung

- [ ] Recht auf Ausstellung eines Arztbriefes

- [ ] Recht auf Einbringung von Anregungen und Beschwerden

- [ ] Recht auf Sterbebegleitung

- [ ] Recht auf ein würdevolles Sterben und Kontakt mit Vertrauenspersonen

Service

Adressen
Stichwortverzeichnis

Burgenländischer Gesundheits- und Patientenanwalt
Hartlsteig 2, 7000 Eisenstadt
Tel. (02682) 600-2170   Fax (02682) 600-2171
E-Mail: post.patientenanwaltschaft@bgld.gv.at

Burgenland

Kärntner Patientenanwalt
St.-Veiter-Straße 47, 9020 Klagenfurt
Tel. (0463) 57 23-0   Fax (0463) 538 23 19-5
E-Mail: patientenanwalt@knt.gv.at

Kärnten

Niederösterreichischer Patienten- und Pflegeanwalt
Rennbahnstraße 29, 3109 St. Pölten
Tel. (02742) 9005-15575
E-Mail: post.ppa@noel.gv.at

Niederösterreich

Vorsitzender der Oberösterreichischen Patientenvertretung
Bahnhofstraße 1, 4021 Linz
Tel. (0732) 77 20-4215   Fax (0732) 77 20-14396
E-Mail: Patientenvertretung.Post@ooe.gv.at

Oberösterreich

Salzburger Patientenvertreterin
Sigmund-Haffner-Gasse 18/3, 5020 Salzburg
Tel. (0662) 80 42 20 30
E-Mail: mercedes.zsifkovics@salzburg.gv.at

Salzburg

Steiermärkische Patientenombudsfrau
Friedrichgasse 9, 8010 Graz
Tel. (0316) 877 33 50
E-Mail: ppo@stmk.gv.at

Steiermark

Leiterin der Tiroler Patientenvertretung
Meraner Straße 5 (1. Stock), 6020 Innsbruck
Tel. (0512) 508 7702
E-Mail: patientenvertretung@tirol.gv.at

Tirol

Vorarlberger Patientenanwalt
Marktplatz 8, 6800 Feldkirch
Tel. (05522) 815 53
E-Mail: anwalt@patientenanwalt-vbg.at

Vorarlberg

Wiener Patientenanwalt
Schönbrunner Straße 108, 1050 Wien
Tel. (01) 587 12 04
E-Mail: post@wpa.wien. gv.at

Wien

Ärztekammern
Österreichische Ärztekammer
Weihburggasse 10-12, 1010 Wien
Tel. (01) 514 06   Fax (01) 514 06-42
E-Mail: post@aek.or.at   www.aerztekammer.at

Burgenland
Permayerstraße 3, 7000 Eisenstadt
Tel. (02682) 625 21   Fax (02682) 625 21-90
E-Mail: office@aekbgld.at   www.aekbgld.at

Kärnten
St.-Veiter-Straße 34, 9020 Klagenfurt
Tel. (0463) 58 56   Fax (0463) 51 42 22
E-Mail: aek@aekktn.at   www.aekktn.at

Niederösterreich
Wipplingerstraße 2, 1010 Wien
Tel. (01) 537 51-0   Fax (01) 537 51-19
E-Mail: arztnoe@arztnoe.at   cms.arztnoe.at

Oberösterreich
Dinghoferstraße 4, 4010 Linz
Tel. (0732) 77 83 71-0   Fax (0732) 78 36 60 300
E-Mail: aekooe@aekooe.at   www.aekooe.or.at

Salzburg
Bergstraße 14, Postfach 65, 5020 Salzburg
Tel. (0662) 87 13 27   Fax (0662) 87 13 27-10
E-Mail: aeksbg@aeksbg.at   www.aeksbg.at

Steiermark
Kaiserfeldgasse 29, 8011 Graz
Tel. (0316) 80 44-0   Fax (0316) 81 56-71
E-Mail: aek@aekstmk.or.at   www.aekstmk.or.at

Tirol
Anichstraße 7/IV, 6020 Innsbruck
Tel. (0512) 520 58   Fax (0512) 520 58-130
E-Mail: kammer@aektirol.at   www.aektirol.at

Vorarlberg
Schulgasse 17, Postfach 206, 6850 Dornbirn
Tel. (05572) 219 00-0   Fax (05572) 219 00-43
E-Mail: aek@aekvbg.at   www.aekvbg.or.at

Wien
Weihburggasse 10-12, 1010 Wien
Tel. (01) 515 01-0   Fax (01) 515 01-1209
E-Mail: aekwien@aekwien.at   www.aekwien.at

Weitere Kontaktadressen
Bundesministerium für Gesundheit
Radetzkystraße 2, 1030 Wien
Tel. (01) 711 00-0   Fax (01) 713 44 04-2277
www.gesundheit.gv.at

Fonds Gesundes Österreich, ein Geschäftsbereich
der Gesundheit Österreich GmbH
Aspernbrückengasse 2, 1020 Wien
Tel. (01) 895 04 00   Fax (01) 895 04 00-20
E-Mail: fgoe@goeg.at   www.fgoe.org

ArGe Selbsthilfe Österreich
Simmeringer Hauptstraße 24, 1110 Wien
Tel. (01) 740 40-2855
E-Mail: arge@selbsthilfe-oesterreich.at   www.selbsthilfe-oesterreich.at

Gesundheit Österreich GmbH
Stubenring 6, 1010 Wien
Tel. (01) 515 61-0   Fax (01) 513 84 72
E-Mail: kontakt@goeg.at   www.goeg.at

VertretungsNetz
Sachwalterschaft, Patientenanwaltschaft, Bewohnervertretung
Forsthausgasse 16-20, 1200 Wien
Tel. (01) 330 46 00   Fax (01) 330 46 00-300
E-Mail: verein@vsp.at   www.vertretungsnetz.at

Dachverband HOSPIZ Österreich (DVHÖ)
Argentinierstraße 2/3, 1040 Wien
Tel. (01) 803 98 68   Fax (01) 803 25 80
E-Mail: dachverband@hospiz.at   www.hospiz.at

ELGA GmbH
Treustraße 35-43/Stiege 4/1. Stock, 1200 Wien
Tel. Serviceline 060 124 4411
E-Mail: office@elga.gv.at

Erben ohne Streit, 5. Auflage

Das Buch zeigt, wie man ein Testament verfasst und den Ehepartner absichern kann, wer Anspruch auf den Pflichtteil hat und ob man Kinder enterben kann. Außerdem: Wie Verlassenschaftsverfahren ablaufen und mit welchen Kosten man rechnen muss.

ISBN 978-3-99013-025-4
144 Seiten, brosch., € 14,90

Wenn Nachbarn nerven ..., 2. Auflage

Das Buch beschreibt Ihre Rechte als Nachbar, ob Sie zur Selbsthilfe greifen dürfen und wann Sie besser zu Gericht gehen. Außerdem: Was zumutbar bzw. ortsüblich ist und alles über Nachbarn im Bau- und Gewerberecht. Mit zahlreichen Fallbeispielen aus der Praxis der Rechtssprechung und vielen Tipps zur Lösung von Nachbarschaftskonflikten.

ISBN 978-3-99013-021-6
180 Seiten, brosch., € 14,90

Partnerschaft & Recht, 2. Auflage

Das Buch zeigt die gravierenden Unterschiede zwischen Ehe und Lebensgemeinschaft, Grundsätzliches zur eingetragenen Partnerschaft, zu Unterhaltsansprüchen, Vermögensregelungen und Anwaltskosten. Außerdem: Ein eigenes Kapitel über die Rechte von Kindern und die Pflichten der Eltern.

ISBN 978-3-902273-98-7
192 Seiten, brosch., € 14,90

Ich hole mir mein Recht! 2. Auflage

Unser Buch erleichtert den Zugang zu Recht und Gesetz, schult im Umgang mit Anwälten und beschreibt, was einen vor Gericht erwartet. Außerdem: Was man unbedingt wissen sollte, falls man einmal selbst geklagt wird. Mit vielen nützlichen Adressen.

ISBN 978-3-99013-002-5
168 Seiten, brosch., € 14,90

Ihr Recht im Internet

Rechtliches Grundwissen ist nützlich für die eigene Homepage, für Foren und soziale Netzwerke und für Auktionsplattformen. Nicht selten gibt es auch rechtliche Graubereiche: Mit diesem Buch sind Sie auf der sicheren Seite.

ISBN 978-3-902273-99-4
152 Seiten, brosch., € 14,90

Umgang mit Ärzten

Welche Therapie ist die geeignetste? Wie findet man den richtigen Arzt und seriöse Informationen? Ist das teuerste Medikament das beste? Helfen Selbsthilfegruppen? Was tun, wenn etwas schiefgegangen ist? Antworten auf dem neuesten Stand der Wissenschaft bietet unser Buch.

ISBN 978-3-99013-022-3
132 Seiten, Flexcover, € 14,90

Weitere KONSUMENT-Bücher
im Buchhandel oder im Online-Shop auf www.konsument.at

Das österreichische Testmagazin

Ihr Ratgeber für den täglichen Einkauf.
Jeden Monat mit Tests, Reports und Analysen.
Ohne Inserate, deshalb unabhängig von Firmen.
Nur dem Leser verpflichtet.

Beratung & Konsumentenschutz

Wir beraten Sie vor und nach dem Kauf.
Und helfen Ihnen, zu Ihrem Recht zu kommen.
In **Musterprozessen** zeigen wir Missstände auf.
Besserer Konsumentenschutz ist das Ziel.

Test-Urteile

Test ist nicht gleich Test.
Nur Konsumentenschutzorganisationen wie der VKI
prüfen nach international anerkannten Standards.
Deshalb ist auf unsere Testergebnisse Verlass.
Strenge Qualitätsrichtlinien zeichnen unsere Arbeit aus.

Wir sind für Sie da

VKI Infoservice
Allgemeine Auskünfte, Info-Folder unserer
Beratungs- und Informationsangebote (kostenlos) Tel. 01 588 77-0
Abonnentenservice, Buchbestellungen Tel. 01 588 774

VKI Beratung (telefonische Hotline; Mo–Fr 9–15 Uhr)
Erster Rat (max. € 0,82/min) Tel. 0900 310 015
Bauen/Wohnen/Finanzieren (max. € 1,36/min) Tel. 0900 410 015

Persönliche Beratung (Terminvereinbarung, Kostenbeitrag € 15,–)
Wien: Mariahilfer Straße 81, Tel. 01 588 77-0 (Mo–Fr 9–16 Uhr)
Innsbruck: Maximilianstraße 9, Tel. 0512 58 68 78 (Mo–Do 8–12 Uhr)

Besuchen Sie uns im Internet **www.konsument.at**